Für meine Eltern

Gerda und Peter

Bibliografische Information der Deutschen Nationalbibliothek

Die Deutsche Nationalbibliothek verzeichnet diese Publikation in der Deutschen Nationalbibliografie; detaillierte bibliografische Daten sind im Internet über http://dnb.d-nb.de abrufbar.



Herstellung und Verlag: Books on Demand GmbH, Norderstedt

ISBN: 9783837078015

Illustration & Layout:
Maria Gössler

Titelbild: Joe Crimmings Photography, Des Moines, U.S.A. - joecrimmings.com

Foto von Stefan Gössler:
Bea Hermann, Hamburg, Deutschland - beatricehermann.de

Übersetzung: Henry Strupp

INHALTSVERZEICHNIS

# Vorwort

Herzlich Willkommen. Sie halten ein eigenartiges Buch in Ihren Händen, es ist tatsächlich eigen in seiner Art.

Dieses Buch stellt den klassischen Aufbau eines Sachbuchs auf den Kopf. Es beginnt nicht mit dem Thema, erörtert dieses und sucht dann noch ein paar Beispiele. Wir beginnen mit dem Beispiel, Barack Obama, und suchen nach den Mustern, die ihn erfolgreich machen.

Nicht die Theorie der Rhetorik ist im Fokus, sondern ihre erfolgreiche Anwendung in der Praxis. Ich bin überzeugt: wir können die Wirkung erfolgreicher Rhetorik am Beispiel der herausragendsten Politiker besser, spannender und begeisternder darstellen.

Die Muster Barack Obamas sind mächtig und können viel für den persönlichen Erfolg bewirken. Doch Worte zu verwenden, um über Worte zu schreiben, kann schnell komplex werden. Deswegen bemühe ich mich um einfache, kurze Worte. Kurze Sätze statt Schachtelsätze und nur eine geschlechtliche Ansprache statt Binnen-I und ähnlicher Konstruktionen, die unsere Sprache defintiv reicher, aber nicht leichter machten.

Barack Obama ist ein hervorragendes Modell, um die eigene Sprache zu schärfen. An seinem Beispiel werden wir die Wirkung exzellenter Sprache erkennen. Seine Reden habe ich im Detail analysiert, um herauszufinden, was die Magie, den Zauber und Magnetismus seiner Auftritte ausmacht. Dabei wurden einige Prinzipien klar. Dieses Buch widmet sich der Umsetzung dieser Prinzipien in die allgemeine Praxis. In Ihre Praxis.

## *Danksagung*

Ein Buch entsteht nicht im Alleingang. Es gibt einige Menschen, die ihren Teil beigetragen haben und bei denen ich mich hier bedanken möchte.

Für Korrekturlesen und das Zurückholen auf den Teppich der Verständlichkeit danke ich Mario und Daniela Wilhelmer. Ihre wachsende Begeisterung gab mir Antrieb, als die Energie ausging. Für die Übersetzungen, bei denen die Struktur dem Englischen ähnlich genug blieb, um analysiert zu werden und dennoch Deutsch genug wurde, um verständlich zu sein, bedanke ich mich bei Henry Strupp.

Für Grafik, Design, Illustration und Hausverstand gebührt mein Dank meiner Schwester Maria Gössler. In langen Nächten, stundenlangen Telefonaten und mit viel Herzblut haben wir dieses Buch aus der Taufe gehoben.

Und Dank an jene Frau, die mich seit fast eineinhalb Jahrzehnten begleitet, unterstützt und die mich über mich hinaus wachsen lässt. Dank, an den einzigen Menschen bei dem mir die Worte fehlen: an meine Frau Alja.

# EINLEITUNG

## *Warum dieses Buch?*

Mit Barack Obama hat ein Ausnahmepolitiker die Bühne betreten. Seit Jahrzehnten hat keiner mehr so begeistert wie er. Bereits heute wird er mit den Größen der amerikanischen Geschichte verglichen: John F. Kennedy, Martin Luther King und anderen Wegbereitern des amerikanischen Traums.

Was macht Obama so besonders? Was macht seine Auftritte so beieindruckend, seine Sprache so anziehend? Woher kommt sein Charisma?

Das sind die Fragen, denen sich dieses Buch widmet. Wenn Sie also Barack Obamas Erfolg besser verstehen wollen, werden Sie hier Antworten finden. Wenn Sie einige seiner rhetorischen Werkzeuge für Ihren persönlichen Erfolg nutzen wollen, werden Sie hier diese Werkzeuge entdecken.

Denn Barack Obama soll nicht noch weiter mystifiziert werden. Daher werden Sie hier auch immer wieder Vergleiche ziehen mit anderen Politikern – von Schröder bis Merkel und Churchill bis Bush. Damit werden die Werkzeuge und Methoden klarer und für die eigene Praxis greifbarer. Denn darum geht es im Kern:

Erfolgreiche Rhetorik entdecken, erkennen, einsetzen.

Dafür werden wir Barack Obamas Stärken genau beleuchten – durch die Brille der Rhetorik. Ebenso werden wir sehen, welche Werkzeuge er nutzte, um sich im Wahlkampf zu positionieren. Es geht aber weniger um die Frage, wie man Wahlkämpfe gewinnt, sondern mehr darum, wie seine Werkzeuge auf den Alltag umzulegen sind.

Wenn Sie also der Sache seines Erfolgs auf den Grund gehen wollen, dann werden Sie hier die Gründe seiner rhetorischen Erfolge finden. Seine Methoden und Techniken. An Hand von Beispielen werden Sie sehen, wie Sie Obamas Methoden und Techniken für den eigenen Erfolg adaptieren und nützen können.

## *Die Kapitel im Überblick*

Wie ist dieses Buch aufgebaut? Was erwartet Sie in den einzelnen Kapiteln? Von welchen Seiten werden wir die rhetorische Kunstfertigkeit Barack Obamas betrachten – und wie daraus für unseren beruflichen, politischen und privaten Erfolg Schlüsse ziehen?

Den Auftakt machen drei Kapitel, die sich jeweils um eine andere Perspektive drehen. Im Kapitel „Rhetorik, alt bekannt, neu entdeckt" (S. 19) geht es um die Frage, wie weit Rhetorik überhaupt gelernt werden kann, oder ob die Kunst, schlagfertig, eloquent und begeisternd zu sprechen nicht doch einigen wenigen vorbehalten ist.

Das darauf folgende Kapitel „Auftritte gestalten wie Barack Obama" (S. 29) betrachtet zwei Seiten der Medaille: die typischen Schwächen durchschnittlicher Vortragender und die Vorgangsweise der klassischen Rhetorik. Letzteres wird Schritt für Schritt an einer der eindrucksvollsten Reden Barack Obamas betrachtet.

Die dritte Perspektive ist dann die pure Praxis Barack Obamas: eine Betrachtung des Aufbaus jener Rede, in der Obamas Wahlkampfslogan „Yes We Can" aus der Taufe gehoben wurde (siehe Seite 53).

Hier begeben wir uns auf forensische Spurensuche. Was können die Hintergründe dieser Rede sein? Einer Rede, die für einen Sieg gedacht und für eine Niederlage gehalten wurde?

Auf diesen drei Grundsteinen bauen wir auf: Rolle der Rhetorik für unseren Erfolg, Vorgangsweise von der Idee zur Überzeugung des Publikums und Anatomie der Rede „Yes We Can". Wir enthüllen die grundlegenden Muster Barack Obamas.

Im Kapitel „Bausteine seines Charismas" werden wir Stück für Stück ein Muster nach dem anderen aus seinen Reden herauslösen, die Wirkung entdecken und Vergleiche mit anderen Politikern ziehen. Wir sehen, welche Muster schon an anderer Stelle mit Erfolg eingesetzt wurden. Dabei werden manche Beispiele mehrmals von verschiedenen Seiten her betrachtet. Das trifft besonders auf die Erzählungen von Edith und Ashley zu. Sie sind wahre rhetorische Goldgruben. Denn das ist Teil der Redekunst Barack Obamas: die meisterhafte Kombination rhetorischer Muster.

Doch hier auch ein Wort der Warnung – wie in diesem Buch häufig aus dem Mund eines Spitzenrhetorikers:

**Wenn man erst einmal als Machtmensch angesehen wird, der alles kühl plant, gerinnt der Zufall zur Strategie.**

*- Gerhard Schröder -*

Gleiches gilt für die Rhetorik. In jedem Satz Obamas können wir mindestens ein Muster finden – oft gleich mehrere. Deshalb wurden hier nur jene ausgewählt, die bezeichnend für Obamas Rhetorik sind. Wenn Sie seine Reden genau durchsehen, werden Sie noch weitere finden. Doch wir sind nicht auf der Suche nach Exoten, sondern nach jenen Werkzeugen, mit denen Barack Obama immer und immer wieder die Menschen begeisterte.

Zu guter Letzt gibt es neben seiner Fähigkeit, seinen Ideen mit beeindruckenden Worten Leben einzuhauchen, zwei weitere bedeutende Themen. Themen, aus denen wir so viel für die eigene Praxis mitnehmen können, dass sie jeweils ein eigenes Kapitel verdient haben.

Einerseits ist das Obamas Fähigkeit, mit Worten zu jonglieren (siehe Seite 137). Alleine hier wäre genug zu sagen, um ein weiteres Buch zu füllen. Er wählt Worte nicht nur mit Bedacht und Kalkül, sondern er färbt Begriffe ein, gibt ihnen neue Emotionen mit.

Andererseits geht es um das schauspielerische Talent des jungen Senators. Im Kapitel „Geschichten erzählen wie Barack Obama" (Seite 153) betrachten wir konkret und im Detail, wie er in seinen Geschichten aufblüht und sein Publikum mit auf eine Reise nimmt. Seine Geschichten haben in diesem Wahlkampf viel bewegt. Wir gehen seiner Erzählkunst auf den Grund.

Ob es ein Vor- oder ein Nachteil ist, in einem deutschsprachigen Buch zur Rhetorik englischsprachige Zitate zu verwenden? Ich glaube, es ist ein Vorteil. Denn betrachten wir Aussagen aus der Warte der Rhetorik, dann ist der Inhalt der Aussage weniger wichtig als die Form, in der sie gemacht wurde. Die Struktur der Worte bestimmt oft maßgeblich, wie sie aufgenommen werden.

Dennoch ist mir klar, dass für viele die Frage nach den konkreten Inhalten von Obamas Worten eine große ist. Daher finden Sie im Anhang (Seite 167) zwei der herausragendsten Reden seines Wahlkampfs: Yes We Can und A More Perfect Union. Von vielen Seiten unter Druck geraten, hat er seine Vision eines wahrhaft vereinten Amerikas beschrieben. Eines Amerikas, in dem seine Geschichte nicht mehr zu den Unwahrscheinlichsten zählt: die Geschichte eines Einwanderersohns aus einfachen Verhältnissen, der glaubte, alles erreichen zu können. Und der dann alles erreichte.

## Der Vergleich macht uns sicher

Eines ist mir an dieser Stelle besonders wichtig zu betonen. Sich mit dem Beispiel Obama zu beschäftigen bedeutet nicht, dass seine Argumente „richtig“ oder „falsch“ waren. Diese Frage soll hier nicht behandelt werden. Dies ist kein politisches Buch, es geht um die Diskussion seiner Methoden und Werkzeuge. Es geht auch um die Frage, welche Werkzeuge für welche Botschaft zielführend waren. Es geht aber nicht darum, ob die von ihm vorgeschlagene Politik selbst zielführend ist. Oder darum, ob seine Politik, die McCains oder die seines Vorgängers gut oder schlecht ist.

Rhetorik, nicht Politik ist das Thema. Dafür werden wir Politiker betrachten und deren Sprachmuster auf Ähnlichkeiten untersuchen. Denn im Unterschied zur Wirtschaft sind die Aussagen von Politikern weit besser dokumentiert und im Unterschied zur Kunst sind sie näher an der alltäglichen Sprache.

Konkret werden wir unter anderem folgende Politikerinnen und Politiker analysieren:

- Barack Obama, U.S.A., Demokraten
- George W. Bush, U.S.A., Republikaner
- Gerhard Schröder, Deutschland, SPD
- Angela Merkel, Deutschland, CDU
- Oskar Lafontaine, Deutschland, Die Linke
- Werner Schulz, Deutschland, Die Grünen
- Winston Churchill, Großbritannien, mehrere Parteien
- Abraham Lincoln, U.S.A., mehrere Parteien

Die Breite der Auswahl soll zeigen, dass erfolgreiche rhetorische Methoden nicht von der politischen Gesinnung abhängen. Keines der

Beispiele wurde ausgewählt, weil die Botschaft, der Politiker selbst oder das politische Kommentar für richtig oder falsch befunden wurde.

Damit hat das Buch dann doch eine gewisse politische Botschaft – eine Botschaft jenseits von Parteigrenzen. Denn Obamas Erfolge haben nicht nur Begeisterung ausgelöst. Eine Sorge tritt immer wieder auf, wenn ein Mensch die Massen so massiv für seine Sache mobilisieren kann wie Barack Obama: die Angst vor der Masse, die ihrem Führer blindlings folgt. Doch das Risiko der blinden Gefolgschaft besteht nur, wenn wir auch blind bleiben. Blind ob der Methoden und Werkzeuge, mit denen Menschen begeistert werden. Wir werden unterscheiden zwischen: was ist die Botschaft und was die rhetorische Methode; mit anderen Worten: was ist Inhalt und was Struktur.

## *Die analysierten Reden Barack Obamas*

| Datum | Ort | Titel hier im Buch |
|---|---|---|
| 20. Nov.07 | Manchester, NH | Our Kids, Our Future |
| 27. Dez.07 | Des Moines, IA | Our moment is now |
| 03. Jän.08 | Des Moines, IA | Iowa Caucus Night |
| 08. Jän.08 | Nashua, NH | Yes We Can |
| 20. Jän.08 | Atlanta,GA | The Great Need of the Hour |
| 09. Feb.08 | Richmond, VA | Jefferson-Jackson Dinner |
| 18. Mär.08 | Philadelphia, PA | A more perfect Union |
| 15. Jun.08 | Chicago, IL | Father's Day |
| 31. Jul.08 | Cedar Rapids, IA | Town Hall on Energy |
| 28. Aug.08 | Denver, CO | Acceptance Speech |
| 27. Okt.08 | Canton, OH | Closing Argument |
| 03. Nov.08 | Prince William, VA | Fired Up, Ready to Go (Edith/ Greenwood) |
| 04. Nov.08 | Chicago, IL | Victory Speech |

**Kapitel 1**

Rhetorik, alt bekannt, neu entdeckt

**Kapitel 2**

Auftritte gestalten wie Barack Obama

**Kapitel 3**

Yes We Can - Anatomie einer Rede

**Kapitel 4**

**Barack Obama - Elemente seines Charismas**

- Obamas Positionierung
- Obamas Nähe
- Wichtiges wird wiederholt. Wiederholt. Wiederholt
- In aller Kürze
- Konkrete Sprache - klare Bilder
- Die charismatische Wirkung von Geschichten
- Eine runde Sache
- Obama und die Antithese
- Respektvolle Aggression

**Kapitel 5**

Worte!
Obamas Kunstgriffe

**Kapitel 6**

Geschichten erzählen wie Barack Obama

**Anhang**
A more perfect Union - die Rede auf deutsch
Yes we Can - die Rede auf deutsch

Kapitel 1

# RHETORIK, ALT BEKANNT, NEU ENTDECKT

## *Was Sie in diesem Kapitel erfahren*

- Wieso Barack Obamas Redekunst magisch wirkt.
- Wo der Unterschied zwischen Magie und Handwerk ist.
- Womit die größten Rhetoriker der Geschichte zu kämpfen hatten.
- Was Sie von deren Beispiel lernen können.
- Wieso Rhetorik sowohl bei Vorträgen als auch Gesprächen wichtig ist.

## *Ist es Magie?*

Es ist wieder so weit. Ein Mensch hat Massen hinter sich vereinigt. Er hat sie berührt, bewegt, begeistert. Er hat es geschafft, eine gemeinsame Vision zu vermitteln, mehr noch, er hat seine Wähler zur Spende motiviert und zur Wahl mobilisiert.

In keinem Wahlkampf wurde bisher so viel investiert wie jenem Barack Obamas. Finanziert wurde der Wahlkampf von den eigenen Wählern, denn Barack Obama verzichtete als erster Kandidat der U.S. Geschichte auf öffentliche Gelder. Es fanden sich mehr Menschen mit kleinen bis durchschnittlichen Einkommen auf Obamas Spendenliste als bei irgend einem anderen Kandidaten. Menschen für die 20, 30 und 50 Dollar ein merkbarer Betrag waren. Menschen, für die die Spende eine Investition darstellte.

Das war eine Investition in den Traum Barack Obamas. Einen Traum, den er entdeckte, den er entwickelte und mit dem er die Menschen entfachte. Ein Traum, der für sich aber nicht neu ist.

Obamas Ideen, Träume, Vorschläge, sie alle sind nicht neu oder einzigartig. Sie wurden aber von keinem der anderen Kandidaten so gut dargestellt. Sie wurden von keinem anderen Kandidaten so gut inszeniert, dem Publikum so gut näher gebracht. Kein anderer schaffte es, derartige Begeisterung zu entfachen.

War das Magie?

Oder ist Barack Obama einfach nur der perfekte Kandidat durch Geburt und Familie? Letztlich vereinigt er in sich den Hintergrund des Zuwanderers mit dem einer weißen allein erziehenden Mutter. Damit nicht genug: durch die Familiengeschichte seiner Frau kommt auch noch die Geschichte einer schwarzen Sklavenfamilie dazu.

Barack Obama hatte eine Botschaft und er hatte die rhetorischen Werkzeuge, um diese in den Vordergrund zu stellen. Denn, ob die Geschichte eines Kandidaten Vor- oder Nachteile bringt, hängt wenig von der Geschichte selbst ab. Was davon bekannt wird und noch mehr: wie es transportiert wird, das ist die zentrale Frage.

Ebenso hätte sein Drogenkonsum als Jugendlicher ein zentrales Thema werden können – für Bill Clinton war das Thema Marihuana noch Anlass für rhetorische Tricks.

---

**I did smoke but I didn't inhale**

---

*- Bill Clinton -*

Diese Aussage zählt definitiv zu den kuriosesten Zitaten aus Clintons Amtszeit. Aber auch G. W. Bush musste mehr als einmal seine Alkoholprobleme verbal umschiffen. Er bezeichnet sie heute als Zeichen einer verantwortungslosen Jugend. Seine Jugend dauerte dann aber bis Anfang 40.

Barack Obama hat dagegen nie ein Hehl aus seinen Versuchen mit Haschisch und Kokain gemacht.

---

**Voters can make a judgment as to whether dumb things that I did when I was a teenager are relevant to the work that I've done since that time.**

---

*- Barack Obama -*

Drogen- und Alkoholkonsum - ein Problem für Clinton und Bush, welches an Obama völlig abzuperlen scheint. Ebenso wie andere Bewerfungen und potenzielle Skandale in diesem Wahlkampf an Barack Obama abperlten.

War das Magie?

Es war Magie, es ist Magie. Es ist Magie – wie der Physiker und Autor Clarke es beschrieb:

---

**Any sufficiently advanced technology is indistinguishable from magic.**

---

*- Arthur C. Clarke -*

> **Obama articulated every issue perfectly. He took every tired line and made it fresh.**
>
> *- Peter Koechley -*

## *Ist es Magie oder doch bloß Technik?*

Ausreichend fortschrittliche Technologie wirkt auf die Allgemeinheit wie Magie. Die Funktionsweise moderner Technologie ist für den durchschnittlichen Anwender nicht mehr verständlich. Es ist Spezialisten vorbehalten zu erklären, wie eine Mikrowelle, eine Solaranlage oder eine elektronische Bremskraftverstärkung im PKW funktioniert.

Regelmäßig vertrauen wir unser Leben Technologien an, die wir längst nicht mehr verstehen. Millionen steigen jährlich in Flugzeuge, ohne zu wissen, wie Dutzende Tonnen Aluminium, Titan und Stahl überhaupt fliegen können. Milliarden Medikamente – schulmedizinische wie homöopathische – werden jährlich eingenommen, deren exakten Wirkmechanismus kaum jemand begreift.

Für zwischenmenschliche Kompetenzen gilt dasselbe. Wir bezeichnen bemerkenswerte Fähigkeiten heute nicht mehr als Magie sondern als „Begabung“, „Talent“ oder „Gefühl“. Doch letztlich sind das nur andere Beschreibungen für das gleiche Phänomen: Die Hintergründe der Fähigkeit sind uns unklar.

Damit wird Obamas Fähigkeit, mit seiner Botschaft die Massen zu begeistern zu Magie, sie löst einen Hype aus – jenseits des Normalen. Dabei ist es letztendlich nicht mehr – und nicht weniger – als exzellente Beherrschung einer klassischen Disziplin.

Exzellente Beherrschung der klassischen Rhetorik.

So, wie exzellente Handwerker ihr Handwerk jenseits der Grenzen hin zur Kunst bewegen, so hat Barack Obama seine Redekunst perfektioniert. So wie exzellente Chirurgen mit wenigen, kontrollierten Bewegungen mehr erreichen als andere, durchaus kompetente Kollegen in einem ungleich längeren Eingriff, so hat Barack Obama die Werkzeuge der Rhetorik jenseits des allgemein Bekannten verwendet. So hat er bewegt, so hat er begeistert.

Das ist die gute Nachricht für all jene, die ihre Überzeugungskraft steigern wollen, die ihre Botschaft besser an ihr Publikum bringen wollen. Das ist die schlechte Nachricht für alle, die Barack Obama & Co weiterhin als Mythos sehen wollen.

Um eines klar zu stellen: Barack Obama ist ein Picasso der Rhetorik, ein Leonardo DaVinci der Worte. Es ist möglich, ihn für sein Können zu bewundern und dennoch sein Wirken einer kritischen Analyse zu unterwerfen.

**Obamas Tipp:**
Mit den richtigen Worten kann man alles sagen.

## *Rhetoriker – geboren oder gemacht?*

Was gewinnen wir durch die Auseinandersetzung mit exzellenten Rhetorikern? Wir nehmen ihnen damit einen Teil ihres Mythos', doch was bekommen wir dafür?

Sie werden entdecken, dass Barack Obama nur eine Handvoll klassischer Methoden der Rhetorik verwendet. Sie werden auch entdecken, dass er einige, wenige Grundprinzipien der Körpersprache verwendet. Viel weniger, als man glauben würde. Zugegeben, das ernüchtert.

Sie werden aber auch entdecken, wie Sie diese Werkzeuge selbst anwenden können. Wie Sie diese nutzen können, um Ihre Argumente eindringlicher, Ihre Vorträge spannender und Ihr Auftreten erfolgreicher zu gestalten.

Denn die Geschichte der Rhetorik ist in erster Linie eine, in der wenig vererbt, sondern viel erarbeitet wurde. Wenige Rhetoriker waren von Anfang an begeisternd. Im Gegenteil.

Die Berichte über die größten Rhetoriker der letzten Jahrhunderte sind voller Anekdoten über ihre sprachlichen Probleme. Probleme, die sie anfangs hatten und durch Übung überwanden.

Nehmen wir einen der großen Rhetoriker des 20. Jahrhunderts als Beispiel. Manche meinen, er sei überhaupt der größte Staatsmann seiner Zeit: Sir Winston Churchill. Seine späten Reden sind als Meisterwerke in die Geschichte der Rhetorik eingegangen. Das hätten seine frühen Auftritte nicht vermuten lassen.

---

Churchill never mastered the art of extempraneous public- speaking [...] Most distressing of all, his voice was unattractive and unresonant, and he suffered from a speech impediment, part lisp and part stammer, which in his early years often made it painful to listen to him. [...] he only mastered his chosen craft by hard, hard work, by extraordinary self-discipline and by serving a long and painful apprenticeship

---

*- David Cannadine -*

Ähnliches galt für Lincoln, den Redner der meistzitierten amerikanischen Rede: der Gettysburg Address. Die Berichte über seine frühen Auftritte zeigen immer wieder einen Redner, dessen spätere Größe erst durch viel Übung zu Stande kam:

---

The New York Herald described his voice as „sharp and powerful at times“ but having „a frequent tendency to dwindle into a shrill and unpleasant sound.“

---

*- Waldo Braden -*

**Lincolns voice was when he first began speaking, shrill-squeaking-piping, unpleasant.**

*- Allan A. Metcalf -*

Lang ist die Liste jener, die eingangs nicht zu den brillanten Rednern zählten - von Demosthenes (4 Jh. v. Chr) über Bismarck bis zu den Berühmtheiten des 20. Jahrhunderts. Sie belegt das Sprichwort:

Dichter werden geboren – Redner werden gemacht.
Zugegeben, was die Dichter betrifft, bin ich noch nicht sicher.

## *Was ist nun Rhetorik?*

Entwickeln Sie eine Argumentation, Rede, einen Auftritt nach den wichtigsten rhetorischen Prinzipien und Sie werden feststellen:

Rhetorik ist das

- Erkennen,
- Formulieren und
- Transportieren relevanter Themen und packender Botschaften.

**Obamas Tipp:**
Rhetorik ist:
5% Inspiration,
40% Transpiration,
55% Reproduktion.

Rhetorik beginnt konkret beim Entwickeln der Botschaften, der Ideen die Sie an Ihre Zielgruppe bringen wollen. Diese Kernaussagen von allen Seiten zu beleuchten ist die wichtigste Aufgabe des Vortragenden selbst. Damit Barack Obama vor Zehntausenden glaubwürdig auftreten kann, muss er selbst an die Botschaften glauben. Es müssen seine Botschaften sein.

Darauf folgt dann die eigentliche Formulierung der Botschaften für die Vorträge, Reden und Präsentationen selbst. Sie bringt häufig neue Erkenntnisse über die eigenen Standpunkte. Ganz im Sinne Kleists, der feststellte: das Formulieren bringt viele Gedanken überhaupt erst hervor. Es ist der Feinschliff der Botschaften, der aus guten Argumenten jene Aussagen macht, die Tausende bewegen.

Doch selbst die perfekt vorbereitete Rede geht am Publikum vorbei, wenn ihre Darbietung Mängel hat. Darbietung? Das ist die eigentliche Präsentation, der konkrete Auftritt. Hier geht es um die Körpersprache, die Stimme, die Präsenz des Redners vor dem Publikum.

„Darbietung" verwende ich an dieser Stelle mit Absicht, denn eine gute Präsentation hat auch einiges mit einem Schauspiel zu tun. Zwar werden Sie vermutlich nicht mit Totenkopf bewaffnet „Sein oder Nicht-Sein" rufen, etwas Dramaturgie gehört aber zu jedem erfolgreichen Auftritt, wie wir an Barack Obamas Beispiel sehen werden.

## *Obamas Muster in Rede und Gespräch*

Wenige kommen in die Lage, vor Zehntausenden zu sprechen. Wieso sich dann überhaupt mit diesem Thema auseinander setzen? Sind die Themen Barack Obamas nicht zu groß?

Was im Großen gilt, gilt ebenso im Kleinen. Hier ist es mit der Rhetorik wie mit dem Kochen: es macht zwar einen Unterschied, ob ich für zwei oder für zweihundert Gäste zubereite, dennoch: Wasser kocht bei 100 °C.

Es macht also natürlich einen Unterschied, ob ich vor 50 oder vor 5 Menschen vortrage. Es ändert sich zum Beispiel mein Einsatz der Medien – vor 50 Personen ist ein Flipchart anders einzusetzen als vor 5 – wie auch meine Gestik und Mimik. Doch die Logik meiner Argumente bleibt gleich. Die Struktur meines Vortrags bleibt gleich.

Meine Kernbotschaften bleiben gleich.

Weil so vieles gleich ist, können wir von Barack Obama viel lernen – für unsere gelungenen Vorträge und überzeugenden Gespräche.

## Kernpunkte

- Rhetorik ist eine lernbare Fähigkeit.
- Jede Fähigkeit, ausreichend weit entwickelt, wirkt wie Magie.
- Rhetorik ist, seine Themen zu erkennen, diese zu formulieren und zu transportieren.
- Rhetorische Exzellenz ist die Basis Ihres Charismas.

Kapitel 2

# AUFTRITTE GESTALTEN WIE BARACK OBAMA

## *Was Sie in diesem Kapitel erfahren*

- Woran viele Vortragende scheitern.
- Wieso Konservendosen im Vortrag nichts verloren haben.
- Welche Ideen blockieren.
- Wie es zu Doppelbelichtungen kommt.
- Warum 55-38-7 nicht Ihre Idealmaße sind.
- Wie Sie Ihre Botschaft entwickeln und den Vortrag gestalten.
- Wie Barack Obama seine Kernbotschaften formulierte.

Was ist nun gute Rhetorik? Erkennen wir Rhetorik erst am Ergebnis: den überzeugten und begeisterten Zuhörern? Kann ein Werkzeug mit einer so alten Tradition wie die Rhetorik auf Versuche und Irrtümer angewiesen sein?

Natürlich nicht. Natürlich gibt es Möglichkeiten, wie gute Überzeugungskraft geplant, gestaltet, gestylt wird. Auch hier gilt: einige Werkzeuge besitzen eine beeindruckende Geschichte, andere sind erst im Medienzeitalter entstanden. Einige Werkzeuge können wir mit Zitaten aus der klassischen Literatur belegen - andere dagegen finden wir eher in Presseaussendungen und auf Youtube.

Das ist vergleichbar mit der Architektur: sie wurde durch moderne Baustoffe verändert und dennoch gelten viele Grundprinzipien seit Jahrtausenden. In der Rhetorik wurden durch die Medienlandschaft einige Themen neu geschaffen und zugleich wirken viele Gesetzmäßigkeiten unverändert weiter.

## *Die häufigsten Fehler*

Was durchschnittliche von exzellenten Vortragenden unterscheidet, ist die Herangehensweise an ihre Themen. Hier gibt es einige Regeln zu beachten. Mittelmäßige Vortragende erkennt man daran, dass sie diese Regeln missachten und dadurch das Publikum in Mitleidenschaft ziehen. Das Publikum leidet mit.

Werfen wir einen Blick auf die häufigsten Fehler.

### *Vortrag aus der Dose*

Ein gelungener Auftritt ist ähnlich der Zubereitung einer raffinierten Mahlzeit: eine Fülle an Zutaten wird aufeinander abgestimmt, gewürzt und zu einer Kreation verarbeitet. Dabei geht ein Spitzenkoch auf die ständig variierende Qualität der Zutaten ein: einmal ist eine Frucht überreif, das andere Mal noch etwas grün. Spitzenköche können damit umgehen.

Bei Auftritten ist das nicht anders. Die Zutaten sind sogar noch komplexer. Das Tagesgeschehen, konkrete Interessen des Publikums und möglicherweise noch ein paar Kommentare aus dem Small Talk vor dem Auftritt fließen bei Spitzenrhetorikern in ihre Arbeit ein.

Nicht so bei Vorträgen, die, bereits dutzende Male vorgetragen, den Redner nicht mehr begeistern. Jenen Vorträgen, die das Publikum kalt lassen, bestenfalls verwirren, schlimmstenfalls langweilen. Das sind dann Reden aus der Konserve, Vorträge aus der Dose.

Sie sind berühmt. Sie sind gefürchtet. Die Vorträge aus der Dose. Immer und immer wieder aufgewärmt, verlieren ursprünglich witzige Kommentare ihre Wirkung, denn selbst der Vortragende findet sie nicht mehr witzig. Hier werden Störungen, vom Zuspätkommenden bis zur Zwischenfrage, zur Gefahr für den Vortrag. Durch sie wird der Ablauf durcheinander gebracht. Denn der Vortrag ist bereits gelaufen, bevor er begonnen hat.

Gefürchtet, und dennoch durchaus üblich: Politiker, die von Veranstaltung zu Veranstaltung pilgern und mit minimalen Variationen die gleiche Rede immer und immer wieder halten. Verkäufer, die innovative Produkte mit alten Folien und noch älteren Präsentationstricks anpreisen oder Vorstände, die ihr Unternehmen bereits unzählige Male bei Investoren, Journalisten und Kunden angepriesen hatten.

Sie alle arbeiten immer wieder mit Vorträgen aus der Dose und wollen dafür zu den Haubenköchen zählen.

Barack Obama ist ein echter Haubenkoch. Über 21 Monate Wahlkampf trat er täglich 3, 4 oder gar 5 Mal auf. Seine Vorträge waren auch zum Teil bereits fertig. Die Botschaften und Kernpunkte, das sind seine Zutaten. Sie können variiert, aber nicht opportunistisch neu erfunden werden. Denn Barack Obama hat sehr erfolgreich einen Medienwahlkampf lanciert. Als erster Politiker mit einer eigenen Youtube-Seite und unzähligen Blogs seiner Freiwilligen waren seine Botschaften immer im Nachhinein gut abrufbar.

In seinem Wahlkampf verstand er es, die grundsätzlich vordefinierten Themen exakt auf das Publikum abgestimmt zu präsentieren. Kleine Kommentare, Einwürfe, Namensnennungen und spontane Antworten auf plötzliche Zurufe machten seine Auftritte lebendig. Mit einigen - relativ einfachen - Werkzeugen hat er immer und immer wieder dafür gesorgt, dass Schwarze und Weisse, Lateinamerikaner und Asiaten, Junge und Alte, Männer und Frauen sich von seiner Botschaft angesprochen fühlten.

### *Die Fixe Idee*

Ein weiteres Risiko für viele Vortragende ist die erste, die Fixe Idee. Das sind oft Anekdoten, Bonmots oder Folien, die der Vortragende woanders gehört hat. Inhalte, die so begeistert haben, dass sie unbedingt Teil der nächsten Präsentation werden müssen.

Hier tritt das Phänomen der Fixen Idee auf: Der Vortragende verbringt wenig Zeit mit der echten Botschaft. Die Zeit, die mit ihrer Entwicklung verbracht werden sollte, wird mit dem Zurechtbiegen der Inhalte verschwendet. Hauptsache, der Vortrag enthält irgendwie die Fixe Idee. Die Gefahr ist, dass hier auf das Publikum und andere, ergänzende Botschaften vergessen wird.

Denn viele Inhalte werden für das Publikum erst verständlich, wenn es darauf vorbereitet wurde. Wer Kabarettisten beobachtet, entdeckt, dass deren größte Lacher oft nicht bei den besten Pointen kommen sondern bei jenen, die am besten vorbereitetet wurden. Da reichen dann Halbsätze, um die Pointe beim Publikum zu platzieren.

Mittelmäßige Vortragende erzählen nur die Pointe.

Erfolgreiche Vortragende zäumen das Pferd nicht von hinten auf. Sie beginnen nicht mit einem lustigen Bonmot oder einem spannenden Beispiel und planen dann den Vortrag um diese Elemente herum. Erfolgreiche Vortragende fragen sich zuerst, was für die Zuhörer eine spannende und wichtige Botschaft sein könnte. Sie verbringen viel Zeit damit, diese Botschaft von allen Seiten zu betrachten, Detailaspekte zu vertiefen und entdecken dann, welche rhetorischen Werkzeuge sie verwenden werden.

**Barack Obama und die Fixe Idee.** Anfang 2008 stand Barack Obama vor einer heiklen Situation: der Priester seiner Gemeinde war durch rassistische Kommentare in den Medien tagelang präsent. In den U.S.A. gilt der Priester eines Menschen auch als sein Mentor in Sachen Ethik und Moral. Da der Präsident eine moralische Rolle hat, ist die Frage nach dem Mentor sofort eine nach dem Kandidaten selbst.

Konventionelle Medienrhetorik sagt in solchen Fällen klar: sofortiges Distanzieren von den Aussagen des Priesters. Das ist die Fixe Idee. Das ist, was viele erwartet haben.
Das ist aber auch, wodurch Barack Obama Glaubwürdigkeit verloren hätte.

**Obamas Tipp:**
Niemals mit Scheuklappen denken.

Er wählte einen anderen Weg. Einen Weg, der zeigte, dass er nicht der Fixen Idee und damit nicht den klassischen Konventionen folgt. Seine Rede zum Thema wurde so von einem verbalen Rückzugsgefecht zu einem rhetorischen Kraftakt. Sie wurde in den Wochen danach bereits als eine der richtungsweisenden Reden zur Frage des Miteinanders aller Rassen gesehen. Seine Strategie betrachten wir im Detail ab Seite 41.

### *Widersprüchliche Botschaften*

Widersprüchliche Botschaften zählen zu den häufigsten Fehlern überhaupt. Sie hemmen die Begeisterung und verwirren die Zuhörer. Der Vortragende, Redner oder Präsentator sagt mit seinen Worten die eine Sache, mit seinen Gesten, seiner Mimik, seiner Stimme aber eine ganz andere. Das verwirrt, lässt zögern.

Widersprüchliche Botschaften werden auch Doppelbelichtungen genannt. Wenn bei einer analogen Kamera der Film nicht weiter gezogen wurde, dann wurde das nächste Foto über das erste aufgenommen. Zwei Bilder für den Betrachter - eine Doppelbelichtung.

Genauso wirken widersprüchliche Botschaften. Der Redner sagt ernsthaft so etwas wie „da haben wir dann eine großartige Lösung“ während er den Kopf verneinend schüttelt. Das Publikum kann nun entscheiden: glaubt es den Worten oder der Körpersprache?

Da nahezu jede Botschaft Widerspruch zulässt und widersprüchliche Botschaften das Publikum geradezu auffordern, sich für eine der beiden Aussagen zu entscheiden, kommt es zum Zögern. Das Ergebnis ist Verwirrung und Unklarheit. Gute Sprecher sprechen klar. Und nicht bloß deutlich.

**Obamas Tipp:**
Sprich klar, nicht bloß deutlich.

Der Ursprung vieler Doppelbelichtungen liegt im Vortragenden selbst: oft zweifelt er an seiner Botschaft. Ein Experte beschäftigt sich möglicherweise 35 Stunden pro Woche mit der Neuentwicklung eines Produkts. Dann soll er für 2 Stunden den Verkauf des „alten", aber am Markt zugelassenen Produkts unterstützen. Es ist kaum verwunderlich, wenn er da wenig Begeisterung versprüht.

Das ist aber kein Dienst am Kunden.

Ein wahrer Fundus widersprüchlicher Botschaften sind Politikerinterviews, besonders wenn die Themen komplexer werden. Alle wissen: vor der Kamera gewinnen kurze Statements. So wird mit kurzen Worten oft nur die halbe Wahrheit gesagt, aber die ganze dargestellt. Kopfschütteln, gehobene Augenbrauen oder eine hektische Stimme verzerren die Botschaft.

Das ist kein Dienst am Wähler.

Barack Obama weiß und gibt zu, dass viele seiner Vorschläge nicht so einfach umgesetzt werden können, wie er sie präsentiert. Er weiß auch, dass von seiner möglichen Wahl bis zu echten Ergebnissen Monate und Jahre vergehen werden.

I know how hard it will be to provide healthcare to every single American. Insurance Companies and Drug companies don't want to give up profits. I know it won't be easy to have an energy policy that makes sense for America because the Oil Companies like to write the energy bills. [...]
But I also know this. That nothing in this country worthwile has ever happened except somebody somewhere decided to hope. That's how this country was founded because a group of patriots decided they would take on the British empire. Nobody was putting their money on them.

*- The Great Need of the Hour -*

Doch in einem Persönlichkeitswahlkampf geht es nicht um die detaillierte Debatte dieser oder jener Reform. In einem Persönlichkeitswahlkampf geht es um Vertrauen.

Wer Vertrauen gewinnen will, hat andere zu begeistern. Wie das Sprichwort lautet:

Nur wer selbst brennt, kann andere entfachen.

*- Sprichwort -*

Und ergänzend: wer für die eigene Botschaft nicht brennt, wer sie selbst nicht glaubt, der braucht eine andere.

### *Monotone Botschaft*

Besser als jedes Schlafmittel: die monotone Rede. Wer kennt sie nicht aus Schule, Studium oder Seminar?

Worte haben unterschiedliche Bedeutungen. In der Grammatik bekommen Worte ihre Bedeutung durch die Position im Satz, Groß- und Kleinschreibung und so weiter. In der Rhetorik bekommen viele Worte ihre wahre Bedeutung durch die Betonung.

Machen Sie den Selbstversuch: Sprechen Sie die nachfolgenden Sätze und betonen Sie immer die unterstrichenen Wörter:

ich habe in moskau liebe genossen.

ich habe in moskau liebe genossen.

ich habe in moskau liebe genossen.

Vom Egozentriker zum Sextouristen zum Kommunisten. Und das alles durch die Betonung.

Auch einzelne Worte können durch unklare Betonung ihre Bedeutung verändern. So wird aus der französischen Hauptstadt paris ein Held der griechischen Mythologie: paris. Griechische Dramatiker sind ebenso betroffen und werden zu Comicfiguren: Homer oder Homer Simpson.

In Rhetorikerkreisen bekannt ist die Rede des ehemaligen deutschen Abgeordneten Philipp Jenninger zum Gedenken an die Reichspogromnacht vor dem Bundestag. Er versuchte, die Begeisterung für das Nazi-Reich zu erklären und sie zu verurteilen. Das misslang gründlich.

---

**Die Jahre von 1933 bis 1938 sind selbst aus der distanzierten Rückschau und in Kenntnis des Folgenden noch heute ein Faszinosum insofern, als es in der Geschichte kaum eine Parallele zu dem politischen Triumphzug Hitlers während jener ersten Jahre gibt.**

---

*- Philipp Jenninger -*

Doch die Rede war mit undeutlich abgegrenzten und schlecht betonten Zitaten aus der NS Propagandamaschine gespickt. Durch die Betonung wurde nicht klar, ob Jenninger das Regime überhaupt verurteilt. Es kam zu heftigen Protesten. Er war am darauffolgenden Tag zum Rücktritt gezwungen.

Bemerkenswert aber: ungefähr ein Jahr später hielt der Vorsitzende des deutschen Zentralrates der Juden, Ignatz Bubis, eine Rede, in der er Jenningers Worte nahezu vollständig übernahm. Er demonstrierte damit, dass die Rede für sich nicht falsch, sondern nur schlecht vorgetragen war.

Monotonie kann man Barack Obama keinesfalls vorwerfen. Wenngleich er oft mit wenigen Gesten nahezu bescheiden hinter dem Rednerpult steht, seine Stimme folgt stets dem Inhalt seiner Worte.

*Posieren*

*oder warum 55-38-7 NICHT die Idealmaße einer Rede sind*

Grundsätzlich besteht jede Botschaft aus drei Faktoren:

- Inhalt
- Stimme
- Körpersprache

Es ist klar: Inhalt, Stimme und Körpersprache müssen einander ergänzen, damit die Botschaft eindeutig ankommt (siehe Seite 33). Der weit verbreitete Mythos, die Körpersprache mache 55%, die Stimme 38% und der Inhalt 7% der Botschaft aus, ist aber unhaltbar.

**Der 55-38-7 Mythos.** Dieser Mythos beruht auf einer Studie von Albert Mehrabian aus den frühen 70er Jahren. Prof. Mehrabian war führender Forscher der Verhaltenspsychologie und er hat über Jahrzehnte hinterfragt, wie Menschen kommunizieren, wie Menschen motiviert werden und was Menschen überzeugt.

**Obamas Tipp:**
Selbst begeistert sein - das begeistert andere.

In dieser Studie wurden Menschen gebeten, Aussagen nach Gesichtsausdruck (nicht Körpersprache!), Tonfall und Inhalt auf ihre Glaubwürdigkeit zu prüfen. Wenn nun der Gesichtsausdruck verärgert war, die Aussage aber „Ich mag Dich", dann verließen sich 55 von 100 Personen auf die Mimik, 38% auf die Stimme und 7% glaubten der wortwörtlichen Aussage.

Zu keinem Zeitpunkt ging es darum, eine allgemeine Kommunikationstheorie statistisch zu erörtern. Leider wird von vielen Persönlichkeitstrainern genau das propagiert.

Albert Mehrabian selbst war überrascht, wie umfangreich seine Erkenntnisse aufgenommen und uminterpretiert wurden. Später stellte er klar:

---

**Please note that this and other equations regarding differential importance of verbal and non- verbal messages were derived from experiments dealing with communications of feelings and attitudes (e.g. like - dislike). Unless a communicator ist talking about their feelings or attitudes, these equations are not applicable.**

---

*- Albert Mehrabian quoted in Lend Me Your Ears, J. M. Atkinson -*

Doch leider entstand im Laufe der Jahre hier ein bemerkenswertes Missverständnis. Es entstand die Idee, dass dann die Botschaft ja hinter der stimmlichen und körpersprachlichen Fähigkeit dritt- um nicht zu sagen letztrangig ist.

Als Ergebnis wurde auf die Entwicklung der Inhalte verzichtet, viel posiert, aber wenig überzeugt. Wer überzeugen will, braucht zuerst eine packende Botschaft und dann die dazu passende Darbietung.

## *Von der Idee zur begeisterten Menge*

Sie haben gesehen, die meisten typischen Fehler haben wenig damit zu tun, wie die eigentliche Präsentation stattfindet. Es hängt nicht so sehr davon ab, ob Sie diese oder jene Präsentationstechnik beherrschen. Ich habe hunderte Vortragende gesehen, die die Präsentationsprinzipien sträflichst missachteten und dennoch das Publikum faszinierten. Wer Barack Obamas Reden beobachtet, merkt, dass auch er viele Regeln missachtet:

- Er geht, während er redet.
- Er hält seine Hände für das große Publikum zu nah am Körper.
- Er macht unkontrollierte Bewegungen, während er spricht. (Er kratzt sich an der Nase und am Ohr.)
- Er hält wenig Augenkontakt mit dem Publikum. Seine Blicke pendeln regelmäßig hin und her zwischen den Projektoren auf denen seine Rede steht.

Präsentationsregeln sind alle gut und wichtig, sie sind ausschließlicher Inhalt der meisten Rhetoriktrainings. Sie sind aber zweitrangig hinter einer ganz anderen Frage: was ist die Botschaft?

Das ist der Punkt, an dem Barack Obama brilliert: er hat eine Idee, die ankommt, eine Botschaft, die begeistert und eine Art sie zu transportieren, die ihn glaubwürdig macht.

**Obamas Tipp:**
Zuerst planen, dann reden!

Rhetorik ist nicht allein die Kunst zu präsentieren oder die Fähigkeit, eine Computerpräsentation kompetent vorzutragen. Rhetorik ist zuerst die Entwicklung eines Themas, dann die Gestaltung einer Botschaft und schließlich die Präsentation der Botschaft selbst.

Das bedeutet, Rhetorik setzt viel früher an. Sie setzt an bei der Grundfrage: Was ist überhaupt das Thema?

Das mag überraschend klingen, geht es doch in den meisten Trainings um die Ausführung einer Präsentation, selten um die Entwicklung selbiger und nie um die Beratung, was denn überhaupt ein Thema wäre. Das ist der Grund, weshalb Aristoteles häufig zitiert wird, Cicero dagegen schon weniger Anklang findet:

---

**Beherrsche die Sache, dann folgen die Worte.**

---

*- Cicero -*

Denn ohne Inhalt - wie kann die Botschaft kompetent ankommen? Wie kann sie begeistern?

Oft geht es um die Frage: wie wirke ich glaubhaft, wie bin ich authentisch? Wer sich die Botschaft zu eigen macht, wer sie entwickelt und ausformuliert. Wer an sie felsenfest glaubt - so wie Obama an seine Botschaft felsenfest glaubt - der braucht sich keine Sorgen um die Authentizität zu machen. Wer Überzeugung versprühen kann, hat das, was viele mit einem mysteriösen Begriff bezeichnen: er hat Charisma.

Der mysteriöse Begriff des Charismas ist vergleichbar mit Magie. Wem Charisma zugeschrieben wird, der zaubert mit dem Publikum. Der erste Schritt hin zu mehr Charisma ist, seine Themen verstanden und seine Botschaften ausformuliert zu haben.

Dafür gibt es seit über 2.000 Jahren eine klare Strategie. Für den Prozess, um von einer Idee zu einer Botschaft und dann zu einer Präsentation zu kommen. Eine klare Strategie, wie Glaubwürdigkeit und Charisma erlangt wird. Diese Strategie ist weder komplex noch abstrakt - sie ist Vorbereitung.

Die Phasen zu einem guten Vortrag gliedern sich in fünf Schritte:

- Thema entdecken (Inventio)
- Thema gliedern (Dispositio)
- Thema verzieren (Elocutio)
- Thema verstehen (Memoria)
- Thema vortragen (Actio)

Diese fünf Phasen, die so genannten Produktionsstadien einer Rede, sind seit 2.000 Jahren unverändert geblieben. Lediglich die Bedeutung der einzelnen Phasen hat sich im Medienzeitalter verschoben.

Um die Phasen praktisch greifbar zu beschreiben, werden auf den nächsten Seiten jeweils die Phase selbst und danach ein Beispiel betrachtet. Das Beispiel ist eine der berühmtesten Reden Barack Obamas: „We the people for a more perfect Union". (Zur Vorgeschichte siehe Seite 32, die Rede ist auf Deutsch ab Seite 168 zu lesen.)

### *Thema entdecken (Inventio)*

Am Anfang stehen Fragen. Fragen nach der Botschaft. Fragen nach dem Publikum und dessen Erfahrungen, Erlebnissen, Erwartungen. Fragen nach dem so genannten Setting: angefangen bei dem Ort, an dem vorgetragen wird, bis hin zu den Materialien und Werkzeugen.

Je umfangreicher die Informationen an dieser Stelle, um so mehr Begeisterung und Überzeugungskraft wird der Vortrag entwickeln. Denn die Erfahrungen des Publikums stellen dessen Filter dar. Inhalte, die in der Welt der Zuhörer keinen Platz haben, werden rasch als weltfremd, distanziert oder gar theoretisch abgetan.

Wer das Publikum mitreissen will, der muss es zuerst abholen. Wer will, dass seine Lösungsvorschläge angenommen werden, der sollte zuerst beweisen, dass er das Problem verstanden hat.

Betrachten wir Barack Obamas Rede „A more perfect union". Sie zählt zu den herausragendsten Reden Barack Obamas. Noch vor seiner Wahl zum Präsidenten wurde sie bereits als wegweisend für das künftige Miteinander der Kulturen in den U.S.A. gesehen.

Die Situation war durchaus heikel: der Priester aus Barack Obamas Gemeinde ist durch beleidigende und zum Teil rassistische Kommentare in die Medien gekommen. In den U.S.A. wird der Priester auch als Mentor gesehen. Was der Mentor sagt, färbt auch auf Obama ab.

Vor einem begeisterten Publikum und skeptischen Journalisten muss Barack Obama nun Position beziehen und klar stellen, wie er zu Reverend Wright und dessen Kommentaren steht. Da er in seiner Positionierung als Kandidat für ein Miteinander der Kulturen steht und verschiedene Gruppen repräsentiert, muss er einen Spagat zwischen den unterschiedlichen Erwartungen machen.

Denn im Sinne einer Minderheitenförderung wurden Afro-Amerikaner in den letzten Jahren bei Wohnbauprojekten, Stipendien etc. häufiger bevorzugt. Für den weißen und lateinamerikanischen Mittelstand ist diese positive Diskriminierung allerdings oft mehr als nur ein Ärgernis, sie ist für sie eine faktische Benachteiligung.

Beispiel — Barack Obamas Rede „A more perfect Union"

Botschaften:

1. Dieses Land baut auf der Arbeit vieler Generationen auf.
2. Einigkeit hat Fortschritt gebracht – nicht Zwietracht.
3. Reverend Wright ist eine unglückliche Spitze eines tragischen Eisbergs.
4. Gebt Angst-Botschaften aus dem konservativen Lager keine Kraft.
5. Wir stehen am Anfang – und gehen in die richtige Richtung

### *Thema gliedern (Dispositio)*

Beim Gliedern des Themas geht es darum, die Themen in der richtigen Reihenfolge darzustellen. Die Frage ist: welche Information ist nötig, damit das Publikum die nachfolgenden Botschaften gut annehmen kann.

In einer der berühmtesten Reden des 20. Jahrhunderts sagte John F. Kennedy „Ich bin ein Berliner". In diesem Moment fragte keiner, ob der U.S. Präsident nach Berlin ziehen wolle oder ob er sich neuerdings für einen Krapfen hält (Berliner sind eine Krapfen-Variation). Niemand fragte das, denn Kennedy stellte vorher den Rahmen seiner Botschaft klar:

---

**Vor zweitausend Jahren war der stolzeste Satz ‚Ich bin ein Bürger Roms'. Heute, in der Welt der Freiheit, ist der stolzeste Satz ‚Ich bin ein Berliner'. [...] Alle freien Menschen, wo immer sie leben mögen, sind Bürger Berlins, und deshalb bin ich als freier Mensch stolz darauf, sagen zu können ‚Ich bin ein Berliner'!**

---

*- John F. Kennedy -*

Wenn freie Menschen sich in den 1960er Jahren mit Stolz „Berliner" nennen durften und John F. Kennedy ein freier Mensch war, dann ist die logische Schlussfolgerung „Kennedy ist ein Berliner". Ein gutes Beispiel exzellenter Rhetorik und dafür, dass Logik und faktische Wahrheit nicht immer dasselbe sind.

In der Gliederung gilt es, die Rahmen aufzustellen, die die nachfolgende Information ins richtige Licht rücken, sie verständlich machen. Diese Methode - das so genannte Framing (siehe Seite 137) - ist eine mit großer Tradition. Von Aristoteles über Churchill bis heute wird sie angewandt.

So auch von Barack Obama. Er wählte als Thema seiner Rede „Land of Opportunity for the willing": wer will und hart arbeitet, könne in den U.S. alles erreichen. Eine passende Botschaft für einen Präsidentschaftskandidaten, der ständig mit dem Vorwurf der mangelnden Erfahrung konfrontiert wird. Doch im Kern eine konservative Botschaft für einen liberalen Kandidaten.

---

[My parents] weren't well-off or well-known, but shared a belief that in America their son could achieve whatever he put his mind to.

It is that promise that's always set this country apart, that through hard work and sacrifice each of us can pursue our individual dreams, but still come together as one American family, to ensure that the next generation can pursue their dreams, as well.[...]

This country is more decent than one where a woman in Ohio, on the brink of retirement, finds herself one illness away from disaster after a lifetime of hard workWe're a better country than one where a man in Indiana has to pack up the equipment that he's worked on for 20 years and watch as it's shipped off to China, and then chokes up as he explains how he felt like a failure when he went home to tell his family the news.

We are more compassionate than a government that lets veterans sleep on our streets and families slide into poverty...

---

*- Acceptance Speech -*

Drei Themen: Gesundheitssystem, Arbeitsmarkt, Umgang mit Kriegsveteranen. Alle drei Themen emotional als Geschichte präsentiert, und nicht sachlich mit Zahlen, Daten, Fakten. Jedes Thema für sich wäre für all jene, die nicht davon betroffenen sind, zu argumentieren gewesen. Denn warum soll es einen Pazifisten kümmern, was mit Soldaten geschieht, die sich freiwillig zum Militär meldeten? Warum soll eine 20jährige sich fragen, wie es einer 60jährigen und ihrer Krankenvorsorge ergeht? Doch in dem von Barack Obama vorgegebenen Rahmen finden sich alle wieder. In diesem Rahmen ist die Identifikation mit den Themen eine einfache.

Beispiel Barack Obamas Rede „A more perfect Union"

Gliederung:

1. Grundthema der Gründungsväter, der Verfassung und darin der Gleichheit aller Bürger.
2. Barack Obama ist ein Gleicher - einer von uns. Einer für uns.
3. Ablehnung der Äußerungen von Reverend Wright. Zustimmung zu seiner Person und seinen guten Taten.
4. Verbindung der Verärgerung der Schwarzen mit den Ressentiments der Weißen und Lateinamerikaner.
5. Ausblick und Motivation - We can.

*Thema verzieren (Elocutio)*

Damit kommen wir bei der Verzierung an, die Kernthemen sind bekannt, die Gliederung ist bereits ziemlich klar. Jetzt beginnt die Ausformulierung, das eigentliche Gestalten der Botschaften mit Beispielen, Metaphern, Analogien, Wortspielen - eben mit Verzierungen und rhetorischen Girlanden.

**Obamas Tipp:**
Verziere Deine Rede für die Zuhörer - sie sind Deine Gäste

Wir Menschen sind Geschichtenerzähler. Für Jahrtausende wurde Wissen über Geschichten vermittelt. Wenn kaum jemand schreiben oder rechnen kann, dann kommen nur Geschichten an. Minnesänger reisten von Ort zu Ort, nicht nur, um zu unterhalten, sondern auch, um dem Volk Neuigkeiten zu vermitteln. Das geschah durch Geschichten.

Seit Einführung der allgemeinen Schulpflicht hat sich daran nicht sehr viel geändert. Daher zählen weiterhin bildhafte Beschreibungen zu den wichtigsten Werkzeugen der guten Rhetorik.

Geschichten und bildhafte Beschreibungen, Metaphern und Analogien wecken Emotionen. Sie verbinden das Publikum mit dem Thema. Gute Erzählungen nehmen mit, motivieren, emotionalisieren. Sie erlauben eine weit flexiblere Darstellung als Zahlen, Daten, Fakten es ermöglichen würden.

Doch nicht nur Geschichten haben diese Wirkung. Für die Verzierung des Themas stehen uns eine Vielzahl an Werkzeugen zur Verfügung. Barack Obamas Worte sind voller rhetorischer Kunstgriffe. Sie sind die Basis seiner Fähigkeit, das Publikum in seinen Bann zu ziehen. Welche seine beliebtesten Werkzeuge sind und wie sie wirken, ist Teil eines eigenen Kapitels ab Seite 69.

Im Einstieg hat Barack Obama die Themen definiert und daraufhin gegliedert. Sehen wir uns nun an, wie er sie weiterentwickelte.

**Die Gründerväter.** Sie sind die Grundmetapher der Rede und bilden Einstieg und Ende. Mit sehr emotionalen Worten umrahmt er seine Rede.

---

The document they [Founding Fathers] produced was eventually signed but ultimately unfinished. It was stained by this nation's original sin of slavery, a question that divided the colonies and brought the convention to a stalemate until the founders chose to allow the slave trade to continue for at least twenty more years, and to leave any final resolution to future generations.

---

Die Verfassung wurde „befleckt" durch die „Erbsünde der Nation", hier sehen wir emotionalisierende Sprache weit jenseits von dem, was im deutschsprachigen Raum möglich wäre. Historisch bedingt ist bei uns eine übermäßig sachliche Sprache üblich - die dann aber dafür auch wenig Begeisterung auslöst. Barack Obama zeigt hier ganz klare Bilder auf, begeistert und motiviert so sein Publikum.

Die Vorgangsweise, den Einstieg mit dem Ende der Rede zu verknüpfen, ist eine Methode, die Barack Obama in vielen seiner großen Reden anwendete. Mehr zu dieser Strategie und mehr Beispiele finden Sie auf Seite 121.

Das Schlußwort:

And as so many generations have come to realize over the course of the twohundred and twenty one years since a band of patriots signed that document in Philadelphia, that is where the perfection begins.

**Barack Obama - einer von uns.** Kern der Rede war das Thema Rassismus und die Äußerungen von Reverend Wright, dem Priester von Obamas Gemeinde. Damit stand in dieser Rede, noch mehr als sonst in einem Persönlichkeitswahlkampf, die Person des Präsidentschaftskandidaten im Vordergrund.

Obamas Strategie ist klar erkennbar: Positionierung seiner Person als Vertreter der Randgruppen und zugleich als glaubwürdiger Kandidat für die klassischen Kernwähler. Seine Strategie ging auf: 95% der Afroamerikaner wählten Obama ebenso wie 2/3 der lateinamerikanischen Amerikaner.

Für die Zuwanderer:

I am the son of a black man from Kenya and a white woman from Kansas.

Für die Afroamerikaner:

---

I am married to a black American who carries within her the blood of slaves and slaveowners - an inheritance we pass on to our two precious daughters.

---

Für die Kernwähler:

---

I was raised with the help of a white grandfather who survived the Depression to serve in Patton's Army during World War II and a white grandmother who worked on a bomber assembly line at Fort Leavenworth while he was overseas.

---

Deutlich zu erkennen: sämtliche Zielgruppen sollen möglichst direkt angesprochen werden. Die Botschaft „ich bin einer von Euch" wird mit diesen Argumenten transportiert. Diese Botschaft finden wir häufig in Wahlkämpfen. Kandidaten werden häufig positioniert als „der normale Mensch." Auch hier ein bekanntes Muster des Senators - siehe Seite 76.

**Barack Obama bezieht Position.** Er wagt hier einen rhetorischen Hochseilakt. Distanziert er sich nicht ausreichend von den rassistischen Äußerungen Reverend Wrights, so läuft er Gefahr, viele Stimmen aus den gemäßigten Lagern zu verlieren. Zugleich darf er nicht illoyal zu seinem Mentor erscheinen, denn opportunistische Wendehälse sind ein gefundenes Fressen für die Medien. Richtungswechsel des Kandidaten Kerry (2004) machten diesen in den Medien zum „Flip Flop Man".

Was macht Barack Obama?

---

Did I know him to be an occasionally fierce critic of American domestic and foreign policy? Of course. Did I ever hear him make remarks that could be considered controversial while I sat in church? Yes. Did I strongly disagree with many of his political views? Absolutely - just as I'm sure many of you have heard remarks from your pastors, priests, or rabbis with which you strongly disagreed. [...]

But the truth is, that isn't all that I know of the man. The man I met more than twenty years ago is a man who helped introduce me to my Christian faith, a man who spoke to me about our obligations to love one another; to care for the sick and lift up the poor. He is a man who served his country as a U.S. Marine; who has studied and lectured at some of the finest universities and seminaries in the country, and who for over thirty years led a church that serves the community by doing God's work here on Earth - by housing the homeless, ministering to the needy, providing day care services and scholarships and prison ministries, and reaching out to those suffering from HIV/AIDS. [...]
I can no more disown him than I can disown the black community. I can no more disown him than I can my white grandmother - a woman who helped raise me, [...] and who on more than one occasion has uttered racial or ethnic stereotypes that made me cringe.

Barak Obama weitet die Argumentation noch aus und verbindet in seiner Rede den Ärger der Schwarzen Bevölkerung mit den Ressentiments des weißen und lateinamerikanischen Mittelstands.

Aus einer Verteidigungsposition heraus hielt er eine Rede, die bereits kurz danach als wegweisend gesehen wurde.

*Thema verstehen (Memoria)*

Zu Aristoteles' Zeiten waren noch sämtliche Vorträge frei zu sprechen. Dadurch kam dem Aspekt des Auswendiglernens einer Rede besondere Bedeutung zu. Nur wer seine Ausführungen flüssig und schlüssig präsentieren konnte, galt als glaubwürdig. Damit kam den Werkzeugen des Merkens - später Mnemotechniken genannt - besondere Bedeutung zu.

**Obamas Tipp:**
Niemals zwei Botschaften auf einmal.

Diese Bedeutung hat heute abgenommen. Einerseits finden wir in der Praxis einen Überhang an Folien – Overhead- oder Computerfolien. Andererseits ist es mittlerweile auch bei Vorträgen üblich, dass Vortragende kleine Handkärtchen verwenden.

Nicht abgenommen hat aber die Bedeutung der freien Rede für Spitzen-Vortragende. Normalerweise werden in der Politik viele Reden abgelesen. Doch Ausnahmen bestätigen dies als Regel: Barack Obamas Victory Speech, wenige Stunden nach der Wahl, war frei gesprochen. Vergleicht man veröffentlichte Redetexte mit den dazu gehörenden Videoaufzeichnungen, so erkennt man: besonders in seinen Geschichten weicht Barack Obama oft weit vom Skript ab. Und auch diese waren gefüllt mit rhetorischen Figuren und Wendungen, mit stilistischen Kunstgriffen und klaren Botschaften.

### *Thema vortragen (Actio)*

Die Themen sind gewählt, die Abfolge ist gegliedert, adäquater Zierrat und Redeschmuck ist angebracht. Jetzt geht es nur mehr darum, das auch umzusetzen.

Barack Obama arbeitet sehr deutlich mit der Stimme. Das erkennt man besonders bei seinen Erzählungen. Von leise bis laut, von überzeugt bis überrascht und von bescheiden bis bedrohlich haucht er den Helden seiner Geschichten Leben ein. Mit den richtigen Pausen und Betonungen unterstreicht er seine Botschaften und steigert seine Glaubwürdigkeit.

Stimmlage und Pausen machen aus einer guten Erzählung eine packende Geschichte. Stimmliche Höhen und Tiefen wie jene Barack Obamas entspringen nur in den seltensten Fällen just aus diesem Moment. Sie sind viel mehr geplant, gelernt, geübt.

Ein weiterer Teil des Vortrags ist die Körpersprache. Von österreichischen und deutschen Politikern sind wir sehr kontrollierte Posen gewohnt. Oft wirken die Bewegungen bereits gekünstelt und unnatürlich. Unnatürlich zu wirken ist so ziemlich das Gegenteil der angestrebten Authentizität. Kein Charismatiker ist durch steife Posten bekannt geworden.

Die Antwort auf das unnatürliche Erscheinungsbild ist dann meist eine noch stärkere Kontrolle der Körpersprache. Noch mehr Anspannung. Noch mehr Stress.

Interessanterweise ist Stress das letzte, was bei Barack Obama auffällt. Selbst vor Zehntausenden wirkt er locker und entspannt. In seiner Erzählung von Edith (siehe Seite 109) hat man eher den Eindruck, er hat einen Mordsspaß vor 70.000 Zuschauern. Möglicherweise hat er tatsächlich Monate in Körpersprache- und Präsentationsseminaren verbracht. Wahrscheinlicher ist, er hat sich solide vorbereitet. Er kennt und glaubt an seine Botschaften und ist sich seiner Körpersprache bewusst.

Denn bei der Betrachtung von Barack Obamas Reden fällt auf: lockere Körpersprache, wenig Posen, authentische Gesten.

## *Kernpunkte*

- Ein Vortrag kann nur begeistern, wenn der Vortragende begeistert ist.
- Zäumen Sie nie ein Pferd von hinten auf - lassen Sie Fixe Ideen in der Schublade.
- Starten Sie mit der Idee.
- Fragen Sie sich dann, welche Gliederung das Publikum braucht, um die Idee annehmen zu können.
- Entwickeln Sie dann Ihren Vortrag fertig.
- Lernen Sie, an die eigenen Botschaften zu glauben und Sie vermeiden Doppelbelichtungen.
- Leben Sie Ihren Vortrag - posieren Sie nicht.

Kapitel 3

# YES WE CAN - ANATOMIE EINER REDE

Im ersten Kapitel ging es um die Bedeutung der Rhetorik, im zweiten Kapitel um grundsätzliche Werkzeuge und Methoden, jetzt wollen wir einen großen Schritt in die Praxis wagen. Wir zerlegen, analysieren und betrachten im Detail die Rede Barack Obamas in New Hampshire vom 8. Jänner 2008. Diese Rede war die Geburtsstunde des Themas „Yes We Can".

Kaum ein Slogan hat so viel Wirkung besessen wie Barack Obamas „Yes We Can". Dieser Slogan begleitete die Kampagne für Monate. Oft müssen Kampagnen innerhalb weniger Wochen mehrere Slogans neu lancieren. Yes We Can ist hier eine echte Ausnahmeerscheinung. Mit einem Vorsprung von bis zu 10% vor Hillary Clinton sah Barack Obama einem sicheren Sieg in diesen Vorwahlen um die Präsidentschaftskandidatur entgegen. Doch die Umfragen erwiesen sich als falsch: New Hampshire wurde von Hillary Clinton gewonnen. Eine gesunde Erfahrung für alle Mitarbeiter seiner Kampagne, meinten später Kommentatoren.

Die Rede ist eindeutig als Siegesrede konzipiert. Das ist deutlich zu erkennen und Obama hat die Rede offensichtlich zumindest an einigen Stellen trotz der Niederlage nicht geändert - oder aus Zeitgründen nicht mehr ändern können.

You can be the new majority who can lead this nation out of a long political darkness [...] That's why tonight belongs to you. It belongs to the organizers and the volunteers and the staff who believed in our improbable journey and rallied so many others to join.

Weder die Aussage, dass das Verliererteam zur Mehrheit gehört, noch die Botschaft „diese Nacht gehört Euch" passen in die so genannte Concession Speech, die vom Verlierer erwartet wird. Für diese Botschaften wurde Obama auch später kritisiert.

Die Rede sollte die Siegerthemen für die nächsten Wochen vorgeben. Aus dem Sieg wurde nichts - dafür aus der Siegesrede. Sie hat die Mitbewerber die nächsten Wochen und Monate beschäftigt. Die Sicherheit seiner Bewegung und die Begeisterung seiner Anhänger trotz der Niederlage hat damals tiefen Eindruck hinterlassen.

## *Die Botschaften dieser Rede*

Zerlegen wir die Rede in ihre einzelnen Bestandteile. So finden wir schnell, was die eigentlichen Kernpunkte waren, die in der Themensuche (Inventio, Seite 41) entwickelt wurden.

### *Botschaft 1*

### *Vermuteten Enthusiasmus dämpfen: Es steht viel Arbeit bevor*

Barack Obama ging von einer gewonnenen Wahl aus. Sich auf seinen Erfolgen ausruhen ist die größte Gefahr einer Wahlkampagne. Davor wollte er warnen. Von dort kamen die Botschaften wie „our climb will be steep" im Einstieg und „tomorrow we take this campaign..." am Ende der Rede. Den Einstieg und das Ende thematisch zu verknüpfen ist eines der typischen Muster des jungen Senators.

*Botschaft 2*

*Zweifel entfernen - Slogan etablieren: Yes We Can*

Im Jänner 2008 gab es noch große Fragezeichen, wer eher für den Wandel an der Spitze stehen könnte: eine Frau oder ein Schwarzer. Diese Zweifel musste Barack Obama möglichst früh ausräumen. Zugleich war das eine perfekte Gelegenheit zur Etablierung eines neuen Slogans. Der alte Slogan „Change we can believe in" war damals nur mehr schwer zu transportieren. Das ist auch auf den Videos zu sehen. Später sollte Obama immer in einem Meer an blauen Wimpeln und Flaggen mit dem Wahlkampflogo und -slogan zu sehen sein. Bei dieser Rede allerdings steht er noch vor unterschiedlichsten Wahlkampfflaggen und Wimpeln: seine Anhänger waren da noch nicht vereint.

*Botschaft 3*

*Gründe, Obama zu wählen*

Jede Rede Obamas transportierte zwei bis vier seiner Kernbotschaften. So auch in „Yes We Can". Es sind weniger die konkreten Inhalte, die die Reden des jungen Senators so beeindruckend machen - es ist die Form der Präsentation.

In dieser Rede wurden genannt: Reform des Gesundheitswesens, Bekämpfung der Wirtschaftskrise, Bildungsreform, Nutzung alternativer Energien.

## *Die Gliederung*

Bei der Gliederung dreht es sich um die Frage, wie die Themen aneinander gereiht werden. Das Ziel ist eine klare und nachvollziehbare Rede für die Zuhörer. Eine Rede, die überzeugt und nicht bloß informiert.

**Botschaft 1:** Das Dämpfen des Enthusiasmus' kommt mit wenigen Worten aus. Letztlich wurde die Wahl verloren.

- We always knew our climb would be steep.
- We know the battle ahead will be long, but ...

**Botschaft 2:** Um „Yes We Can" mit Emotionen „aufzuladen", holt er diese von großen Momenten der amerikanischen Geschichte. Deutlich bildhafte Sprache und hoch-emotionalisierende Worte zeichnen diese Methode aus.

- It was whispered by slaves [...] as they blazed a trail toward freedom ...
- It was sung by immigrants as they struck out from distant shores ...
- It was the call of workers who organized, women who reached for the ballot ...

**Botschaft 3:** Die Gründe Obama zu wählen werden zum Teil gleich mehrfach wiederholt. Die Wiederholung in Metaphern ist eine für Barack Obama typische Methode.

Zitate aus dem Kern der Rede:

- End the outrage of unaffordable, unavailable health care.
- End the tax breaks for corporations that ship our jobs overseas and put a middle-class tax cut into the pockets of the working Americans who deserve it.

- Stop sending our children to schools with corridors of shame.
- Free this nation from the tyranny of oil.

Im Abschluss nochmals mit bildhafter Sprache

- The hopes of the little girl who goes to a crumbling school in Dillon are the same as the dreams of the boy who learns on the streets of LA.
- As we learn that the struggles of the textile worker in Spartanburg are not so different than the plight of the dishwasher in Las Vegas.

## *Die Zierde*

Bei der Zierde geht es nun darum, die einzelnen Elemente aus der Gliederung in eine ansprechende Form zu bringen. Eine Form, die Menschen anzieht und das Zuhören leicht macht. Mit einer Zahl an rhetorischen Methoden werden Themen dargestellt, verbunden und überzeugend präsentiert.

Die „Yes We Can"-Rede spart nicht mit rhetorischen Methoden: Wortwiederholungen, bildhafte Sprache und eine nahezu perfekte Inszenierung stellen in dieser Rede sogar Obamas bisherige rhetorische Erfolge in den Schatten.

| Englischer Originaltext | Kommentar |
| --- | --- |
| I am still fired up and ready to go. | Referenz auf Edith/Greenwood. Die Botschaft ist den Anhängern klar, das Publikum jubelt. (Seite 109) |
| First of all I want to congratulate Senator Clinton on a hard- fought victory here in New Hampshire. She did an outstanding job, give her a big round of applause. | Obamas Stimme ist deutlch gedämpft. Der Applaus im Publikum ist zurückhaltend. |
| A few weeks ago, no one imagined that we'd have accomplished what we did here tonight in New Hampshire. No one could have imagined it. | Die erste Wiederholung „no one imagined", unterstrichen mit einer Geste. Die Kontaktaufnahme mit dem Publikum geht sehr schnell, bei begeistertem Publikum ist das machbar, bei anderen Gelegenheiten hat Barack Obama hier mehr Zeit investiert. |
| For most of this campaign, we were far behind, and we always knew our climb would be steep. | Reframe der Niederlage auf einen Prozess mit Fortschritten: Our climb would be steep. Nicht ein Bundesstaat wurde in den Vorwahlen verloren. Statt dessen wurde der Beweis erbracht, dass Obamas Kampagne einen schwierigeren Weg zu gehen hat. |
| But in record numbers, you came out and you spoke up for change. And with your voices and your votes, you made it clear that at this moment - in this election - | Zugleich der Beweis des Erfolgs: in record numbers you came out. Besondere Verstärkung durch künstliche Trennung und Alliteration: voices and votes, anstatt nur der votes selbst. Die vereinfachte Aussage: wir mögen hier verloren haben, aber seht was erreicht wurde! |

| | |
|---|---|
| there is something happening in America. | Der Abschluss der Eröffnung ist die Einleitung der ersten großen Anapher dieser Rede. Siehe dazu auch Seite 81. Hier beginnt die erste große Figur. Eine Anapher, parallel gestaltet: „There is something happening" [Handlung] „because they" [großer Pathos]. |
| There is something happening when men and women in Des Moines and Davenport; in Lebanon and Concord come out in the snows of January to wait in lines that stretch block after block because they believe in what this country can be. | Ein weiteres Muster Obamas finden wir hier - men and women in Des Moines and Davenport - anstatt „Ihr alle" - siehe dazu auch Seite 105. |
| There is something happening when Americans who are young in age and in spirit - who have never participated in politics before - turn out in numbers we've never seen because they know in their hearts that this time must be different. | |
| There is something happening when people vote not just for the party they belong to but the hopes they hold in common - that whether we are rich or poor; black or white; Latino or Asian; There is something happening when people vote not just for the party they belong to but the hopes they hold in common - that whether we are rich or poor; black or white; Latino or Asian; whether | Die Anapher zieht sich weiter. Eine Antithese findet sich: „people vote not just for the party they belong to but the hopes...", siehr dazu Seite 127. Auch die künstliche Trennung (Seite 105) finden wir hier wieder. Abschluss des Themas „happening in America" |

we hail from Iowa or New Hampshire, Nevada or South Carolina, we are ready to take this country in a fundamentally new direction. That is what's happening in America right now. Change is what's happening in America.

You all of you who are here tonight. All of you. You can be the new majority who can lead this nation out of a long political darkness - Democrats, Independents and Republicans who are tired of the division and distraction that has clouded Washington; who know that we can disagree without being disagreeable; who understand that if we mobilize our voices to challenge the money and influence that's stood in our way and challenge ourselves to reach for something better, there's no problem we can't solve – there is no destiny we cannot fulfill.

Neues Thema „You can be the new majority". Spiel mit einem alttestamentarischen Thema „to lead the people out of a long darkness". Anapher mit „who..." Weiteres Muster: aus Gegnern werden Dinge (siehe Seite 107). Nicht die Republikaner oder McCain stehen gegen Obamas Anhänger, Geld und Einfluss sind im Weg. Weder erkaufte Stimmen noch Lobbyismus haben echte Chancen auf Loyalitäten im Publikum.

Our new American majority can end the outrage of unaffordable, unavailable health care in our time. We can bring doctors and patients; workers and businesses, Democrats and Republicans together; and we can tell the drug and insurance industry that while they'll get a seat at the table, they don't get to buy every chair. Not this time. Not now. don't get to buy every chair. Not this time. Not now.

Weiterführung der American majority. Wieder die Alliteration „unaffordable, unavailable" Aufzählung, wer aller zusammen kommen wird - sowie ein deutlicher Angriff an George W. Bush und das „System Washington": Die Pharmaindustrie und die Versicherungen (Leben, Gesundheit, Anm.) werden dabei sein - aber nicht sich ihre Lösungen erkaufen können. Der Angriff: diesmal nicht! Also bisher schon. Was bisher war, war auch John McCain.

Our new majority can end the tax breaks for corporations that ship our jobs overseas and put a middle-class tax cut into the pockets of the working Americans who deserve it.

Weiterer Angriff auf die anderen: Firmen, die Arbeitsplätze ins Ausland verlagern. Hier verweilt Obama kürzer als beim vorigen Thema, denn hier gibt es noch weniger Loyalitäten die zu überzeugen wären.

We can stop sending our children to schools with corridors of shame and start putting them on a pathway to success. We can stop talking about how great teachers are and start rewarding them for their greatness by give them more pay and more support. We can do this with our new majority.

Bildhafte Sprache in der Antithese: von den Gängen der Schande auf die Pfade des Erfolgs. Prosaische, für die U.S.A. nicht unübliche Wortwahl. Abschluss der Aussage mit einer deutlichen Verkürzung des letzten Satzes (siehe Seite 94).

We can harness the ingenuity of farmers and scientists; citizens and entrepreneurs to free this nation from the tyranny of oil and save our planet from a point of no return.

Auch hier die künstliche Aufzählung um alle und jeden anzusprechen: vom Bauern bis zum Wissenschafter, Beamten bis zum Unternehmer.

And when I am President of the United States, we will end this war in Iraq and bring our troops home; we will finish the job against al Qaeda in Afghanistan; we will care for our veterans; we will restore our moral standing in the world; and we will never use 9/11 as a way to scare up votes, because it is not a tactic to win an election, it is a challenge that should unite America and the world against the common threats of the twenty-first century: terrorism and nuclear weapons;

Die Formulierung „when I am President... we will" wechselt sofort von Einzahl zu Mehrzahl, von seiner Person auf alle im Raum und stellt Barack Obama mehr als Leitfigur einer Bewegung dar, denn als Spitzenkandidat einer Wahlkampagne. Wieder eine Wortwiederholung mit „we will" Unterstellung an die Gegner - wir werden 9/11 nicht als Wahlkampfmanöver verwenden.

climate change and poverty; genocide and disease.

All of the candidates in this race share these goals. All the candidates in this race have good ideas. And all are patriots who serve this country honorably.

Eine Concessio, die rasch zurückgezogene Zustimmung (siehe Seite 133) - „alle Kandidaten haben diese Ziele" in Form einer Anapher.

But the reason our campaign has always been different is because it's not just about what I will do as President, it's also about what you, the people who love this country, can do to change it.

Sofort gefolgt von dem „Aber...", damit ist die Concessio auch schon wieder komplett.

That's why tonight belongs to you. It belongs to the organizers and the volunteers and the staff who believed in our improbable journey and rallied so many others to join.

Kombination aus Kurzsatz (Brevitas, Seite 94), Verkettung durch Wortwiederholung (Anadiplose, Seite 87) und detailierte Aufzählung.

We know the battle ahead will be long, but always remember that no matter what obstacles stand in our way, nothing can stand in the way of the power of millions of voices calling for change.

We have been told we cannot do this by a chorus of cynics who will only grow louder and more dissonant in the weeks to come. We've been asked to pause for a reality check. We've been warned against offering the people of this nation false hope.

Wieder die Anapher (we've been) als rhetorisches Muster - direkt gefolgt von der ergänzenden Anapher im kommenden Absatz (when we've). Die eine zählt auf, welche Hürden im Weg stehen, die andere wieviel bereits geschafft wurde.

| | |
|---|---|
| But in the unlikely story that is America, there has never been anything false about hope. For when we have faced down impossible odds; when we've been told that we're not ready, or that we shouldn't try, or that we can't, generations of Americans have responded with a simple creed that sums up the spirit of a people. | Eines der wenigen Wortspiele Barack Obamas - „falsche Hoffnungen machen" wird umformuliert in „es ist nichts falsch an Hoffnung". Das erste Yes We Can ist sowohl eine Brevitas auf den letzten Absatz als auch Epipher. Eine beeindruckende Kombination beider Figuren. |
| Yes we can.<br>Yes we can.<br>Yes we can.<br>Yes we can. | Das Publikum beginnt mit zu skandieren - nahezu zögerlich schließt Obama sich an. |
| It was a creed written into the founding documents that declared the destiny of a nation.<br><br>Yes we can. | Für den Beobachter eindeutig: das Zögern war geplant. Es war Teil der Show. Denn es folgen emotional aufgeladene Bilder, die alle in der Epipher münden. |
| It was whispered by slaves and abolitionists as they blazed a trail toward freedom through the darkest of nights.<br><br>Yes we can. | Bildhafter Auftakt. Schluss mit der Epipher. (Seite 85) |
| It was sung by immigrants as they struck out from distant shores and pioneers who pushed westward against an unforgiving wilderness.<br><br>Yes we can<br>. | Wiederholung des Musters |
| It was the call of workers who organized; women who reached for the ballot; a President who chose | Wieder eine Anapher: [Subjekt]... who... |

the moon as our new frontier; and a King who took us to the mountaintop and pointed the way to the Promised Land.

Yes we can to justice and equality. Yes we can to opportunity and prosperity. Yes we can heal this nation. Yes we can repair this world. Yes we can.

Der Slogan hat gegriffen und wird zur Anapher.

And so tomorrow, as we take this campaign South and West; as we learn that the struggles of the textile worker in Spartanburg are not so different than the plight of the dishwasher in Las Vegas; that the hopes of the little girl who goes to a crumbling school in Dillon are the same as the dreams of the boy who learns on the streets of LA; we will remember that there is something happening in America; that we are not as divided as our politics suggests; that we are one people; we are one nation; and together, we will begin the next great chapter in America's story with three words that will ring from coast to coast; from sea to shining sea - Yes. We. Can.

Lange Aufzählung, die zum letzten Mal mit dem Slogan beendet wird. Der Slogan sitzt. Die Botschaften sind angekommen.

## *Yes We Can - Yes I Can*

Yes We Can. Gilt das nun auch für uns? Was können wir aus einer solchen rhetorischen Meisterleistung mitnehmen? Wie kommen wir nun von „Yes We Can“ zu einem Yes I Can?

Das ist überraschenderweise einfacher als man glauben möchte. Drehen wir die Rede um und machen ein rhetorisches „Negativ“ daraus: wir übersetzen die Aussagen in allgemeine Fragen und füllen diese dann mit einem Beispiel. Bei „Yes We Can“ handelte es sich um eine motivierende Rede, diesen Charakter werden wir auch im Beispiel beibehalten.

*Von der Rede zu den Fragen - das Redenegativ*

| **Obamas „Yes We Can“** | **Frage** |
|---|---|
| A few weeks ago... | Allgemein gesprochen, welche Erfolge können wir aktuell verbuchen? |
| There is something happening... | Gibt es in diesen Erfolgen ein Muster? |
| ... whether rich or poor, black or white... | Wie können wir alle Zuhörer ansprechen? |
| ... can end the ... | Was wären - global gesprochen - mögliche nächste Ziele? |
| ... All of the candidates in this race... | Was machen Konkurrenten bzw. Gegner? |
| ... That's why this night belongs to you... | Wie können wir den Erfolg verteilen? |
| ... Yes We Can ... | Was wäre ein passender Slogan? |

| | |
|---|---|
| ... It was whispered... | Welche Bilder passen dazu? |
| ... And so tomorrow... | Welche konkreten Schritte oder Erlebnisse wollen wir im Abschluss vorbereiten? |

*Von den Fragen zur Praxis*

Nehmen wir als Beispiel die Weihnachtsrede eines Sportvereins - also eine deutlich bodenständigere Umgebung.

| **Frage** | **Beispiel** |
|---|---|
| | Herzlich Willkommen zu unserer Weihnachtsfeier, schön, dass Ihr so zahlreich erschienen seid. |
| Allgemein gesprochen, welche Erfolge können wir aktuell verbuchen? | Als wir das heurige Jahr starteten, gab es noch viele Fragezeichen. Unsere A-Mannschaft hatte drei neue Spieler und zum ersten Mal konnten wir eine Junioren-Mannschaft aufstellen. |
| | Das war kein leichtes Unterfangen. Doch mit unserem Trainer und viel gutem Willen können wir stolz sein. Denn anders als in anderen Vereine, wo jeder für sich sein Spiel macht, waren wir auch heuer ein lebender Verein. |
| Gibt es in diesen Erfolgen ein Muster? | Wir sind ein lebender Verein, wenn trotz der vielen Trainingsstunden jeder zu seinem Spiel kommt. |

| | |
|---|---|
| | Wir sind ein lebender Verein, wenn auch heuer wieder ein lustiges Frühjahres-Turnier großen Anklang gefunden hat. |
| | Wir sind ein lebender Verein, wenn außerhalb der Spielsaison so viele von Euch zur Weihnachtsfeier kommen. |
| Wie können wir alle Zuhörer ansprechen? | Das betrifft uns alle - ob alt oder jung, Anfänger oder Tennisveteran... |
| Was wären - global gesprochen - mögliche nächste Ziele? | Mit diesem Enthusiasmus und Sportsgeist werden wir auch im kommenden Jahr ... |
| Was machen die Konkurrenten bzw. Gegner? | Und es muss uns klar sein, wir werden auch heuer wieder mit dem Nachbarn über... diskutieren und mit der Gemeinde über... streiten. Das sind nun einmal die Herausforderungen, die nur ein lebender Verein spürt. |
| Wie können wir den Erfolg verteilen? | Und obwohl ich es bin, der hier steht und die Ansprache hält, bin ich letztlich auch nur ein Wochenendfanatiker für unseren Sport. Für die echten Erfolge sind andere verantwortlich: Ihr. Ihr, die ihr aus den paar Umkleideräumen und dem Platz einen Verein macht der lebt. |
| Was wäre ein passender Slogan? | Ein lebender Verein. |

| | |
|---|---|
| Welche Bilder passen dazu? | In dem Großväter mit ihren Enkelkindern wertvolle Zeit verbringen, das ist ein lebender Verein. In dem junge Menschen mit Freude und Spaß ihrem Sport nachgehen, das ist ein lebender Verein. In dem Ehepaare einander zum Frühstück treffen, denn es ist ein zweites Zuhause, das ist ein lebender Verein. |
| Welche konkreten Schritte oder Erlebnisse wollen wir im Abschluss vorbereiten? | Wenn Ihr also in den nächsten Wochen die Feiertage dann überstanden habt - und auch wieder den einen oder anderen Kilo wegsporteln wollt, dann wird er wieder auf uns alle warten. Und ich weiß nicht, wie's Euch geht, aber ich freu mich drauf. |

Yes We Can. Aus einer großartigen Rede das Muster herausnehmen und dann mit eigenen Inhalten füllen. Die Struktur und Herangehensweise an eine Rede ist in den ersten Kapiteln klar geworden. Mit dem Redenegativ können wir die Struktur jeder guten Rede für uns umsetzen. Jetzt stellt sich die Frage nach den Inhalten für unseren Auftritt, unsere Argumente und Präsentationen.

Kapitel 4

# BARACK OBAMA - ELEMENTE SEINES CHARISMAS

## *Was Sie in diesem Kapitel erfahren*

- Welches Selbstbild die Basis für Obamas Charisma ist.
- Wie Nähe zum Publikum hergestellt wird.
- Wann Wortwiederholungen kein Stilfehler sind.
- Wann es gut ist, sich auf kurze Worte zu verlassen.
- Womit Sie konkrete Bilder malen und Emotionen transportieren.
- Wie Geschichten Botschaften transportieren.
- Wie Sie sicher stellen, dass Ihr Vorschlag gut ankommt.

Haben Sie Videos von Barack Obamas Reden gesehen? Ist Ihnen aufgefallen, welche magnetische Anziehungskraft manche seiner Worte haben? Das ist weder Magie noch geheime Trickserei. Das ist simple, klassische Rhetorik. Gelebte Rhetorik.

Barack Obama nutzt einige der Grundprinzipien der klassischen Rhetorik, einige hat er abgewandelt und manche auf geniale Art und Weise kombiniert. Dadurch wirken seine Reden authentisch, glaubwürdig und oft sogar magnetisierend.

Keine Trickserei, klassische Rhetorik.
Keine Zufälle, klare Grundprinzipien.

Bei einem Auftritt, einer Rede oder Präsentation geht es im Kern darum, die Aufmerksamkeit des Publikums zu gewinnen und in Begeisterung zu verwandeln. Aufmerksamkeit und Begeisterung sind die Grundlage, um Zuhörer zu überzeugen und zu motivieren.

Es gilt, das Interesse im Publikum zu wecken. Anwesenheit alleine ist ein guter Start, aber letztlich zu wenig. Gute Vortragende lenken den mentalen Fokus jedes Menschen im Raum auf ihre Botschaft. Denn, wenn aus Anwesenheit Interesse wurde und aus Interesse vielleicht sogar Begeisterung, dann erst kann eine Botschaft gut ankommen.

Machen Sie folgenden Test: Suchen Sie einen Kollegen, Freund oder Bekannten mit einer analogen Armbanduhr, also einer mit Zeigern und Ziffernblatt. Bitten Sie diesen Menschen, die Uhr abzunehmen ohne darauf zu blicken. Nehmen Sie die Uhr und fragen Sie Ihren Gesprächspartner: „Wie sieht auf der Uhr die Ziffer 6 aus?"

Da gibt es viele Möglichkeiten: es kann eine arabische oder eine römische Ziffer sein. Manche Uhren haben dort nur einen Punkt oder einen Strich, andere das Datum. Nachdem Ihr Gesprächspartner sich entschieden hat geben Sie ihm 1 Sekunde, um selbst zu kontrollieren, wie die Ziffer 6 aussieht. Nehmen Sie die Uhr wieder an sich und fragen Sie Ihren Gesprächspartner nach der Uhrzeit.

8 von 10 Personen werden nicht sagen können, wie spät es ist. Und das, obwohl sie einen Moment zuvor auf die Uhr geblickt haben. Denn das Aufmerksamkeit hatte einen anderen Fokus.

Das gleiche gilt für unsere Botschaften: wenn das Publikum im Moment einen anderen Fokus hat, kommt die Botschaft nicht an. Wenn bei einem Abendvortrag der eine geistig noch im Büro ist, der andere dafür bereits zu Hause, dann mögen beide den Vortragenden anblicken - doch die Botschaft geht ins Leere. Um sicher zu gehen, dass die Botschaft ankommt, gibt es eine alte Regel aus der Präsentationstechnik:

- Sage dem Publikum, was Du sagen wirst.
- Sage die Botschaft.
- Sage dem Publikum, was Du gesagt hast.

Die Idee ist, dass durch die dreimalige Nennung, die Botschaft schon verstanden wird. Doch ein Verstehen der Sätze bedeutet noch keine Zustimmung. Ein halbherziges Zustimmen bedeutet auch noch keine Motivation. Es gibt bessere Methoden, um die Botschaft ankommen zu lassen. Bessere Methoden, um Menschen zu begeistern. Barack Obama nutzt die meisten davon.

Die nachfolgenden Kapitel machen den Kern des Buchs aus. Sie werden entdecken, welche Werkzeuge Barack Obama am meisten verwendet hat. Sie werden auch erkennen, wie diese Werkzeuge in Ihrer alltäglichen Praxis anwendbar sind.

## *Obamas Positionierung*

Keine Aussage, keine Rede, keine Präsentation kann authentisch sein, wenn sie nicht mit der gesamten Erscheinung des Redners übereinstimmt. Die Erscheinung wiederum ist davon abhängig, wie ein Kandidat sich positioniert.

Barack Obamas Positionierung war die des frischen, jungen Politikers, der nicht zum „System Washington“ gehört, sondern der vom Volk kommt. Er nahm die Rolle des emotionalen, mitfühlenden und doch dynamischen Kandidaten ein; er ist jener, der für die Sache kämpft, unbeschwert von politischem Kalkül und kalter Berechnung.

Das war eine Position, die in krassem Gegensatz stand, sowohl zu seiner Konkurrentin um die Kandidatur - Hillary Clinton - als auch zu seinem Mitbewerber um die Präsidentschaft - John McCain. Hillary Clinton hat Leidens- und Opferbereitschaft bewiesen und seither den Ruf der kalkulierenden hochintelligenten Politikerin und John McCain ist letztlich nicht nur Kriegsveteran sondern, nach 26 Jahren in Washington auch Veteran des Senats.

Obamas Position war eindeutig eine andere - wie auch sein Zugang zur eigenen Kandidatur. Er verbrachte wenig Zeit damit, auf seine Erfolge zu verweisen - denn John McCain hätte nach Jahren im Senat wesentlich mehr Ergebnisse vorgezeigt. Stattdessen übte sich Barack Obama in Zurückhaltung - manche beschrieben es sogar als Demut.

*Demut statt Arroganz*

Barack Obama war bereits vor seinem Wahlkampf um die Kandidatur ein Beispiel für den berühmten American Dream. Als Sohn eines Einwanderers hat er in Harvard studiert, in seinem ersten Jahr in Harvard wurde er zum Editor des angesehenen Harvard Law Reviews bestellt. Mit nur 43 Jahren errang er einen Sitz im U.S. Senat - das Durchschnittsalter der U.S. Senatoren ist 62. Dazwischen liegen die Etappen einer beeindruckenden Karriere.

Erfolg genug für Selbstvertrauen jenseits des Normalen. Dennoch gelang es Barack Obama in seinen Auftritten durch einen völligen Mangel an Arroganz oder Überheblichkeit zu brillieren. Im Gegensatz zu sowohl Hillary Clinton als auch John McCain. Das hat ihn bei seiner Zielgruppe bestärkt. Manche Kommentatoren haben Barack Obama als einen perfekten Kandidaten zwischen Weiß und Schwarz bezeichnet.

Doch für Barack Obama wäre die Kategorisierung „perfekter Kandidat" gefährlich gewesen. Suchte er doch Nähe zu seiner Zielgruppe, eine Gruppe, die sich nicht als perfekt, ja oft nicht als unbedingt erfolgreich sieht.

**Contrary to the claims of some of my critics, black and white, I have never been so naïve as to believe that we can get beyond our racial divisions in a single election cycle, or with a single candidate - particularly a candidacy as imperfect as my own.**

*- A more perfect Union -*

Es waren aber nicht nur die gesprochenen Worte, mit denen Barack Obama Überheblichkeit und Arroganz weit von sich wies. In seinen Auftritten erzählte er sehr viele Geschichten. Geschichten in denen er selbst selten die Hauptrolle hatte - im Gegensatz zu McCain, der viele Geschichten über sich und seine Erfahrung brachte. Barack Obama erzählte auch Geschichten, in denen er die zweite Geige spielte.

**And I'm standing there, and I'm thinking,
I'm being outflanked by this woman, she's stealing my thunder**

*- Greenwood Story -*

Diese Bereitschaft, anderen den Mittelpunkt zu überlassen und über ihre Fähigkeiten und Erfolge zu sprechen, machte Barack Obama für viele Wähler greifbarer, wirklicher, wählbarer. Dahinter steckt auch eine klare Taktik - die wir später entdecken werden.

### *Wir statt Ich*

**Obamas Tipp:**
Lass andere auch ins Rampenlicht. Sie färben auf Dich ab.

Der weltweit ultimative Persönlichkeitswahlkampf ist die Wahl um die U.S. Präsidentschaft. Denn der Präsident ist für die Amerikaner nicht bloß irgendein Politiker. Er vereint politische Macht mit moralischer Instanz. Daher ist in den U.S.A. die Identifikation mit dem Präsidenten auch eine andere: viele Amerikaner haben eine sehr emotionale Einstellung zu „ihrem" Präsidenten.

Es wäre also logisch, dass der Präsident jemand sein soll, auf den man stolz sein kann. Jemand, der bereits viele Erfolge für sich verbuchen kann. Wäre dann nicht auch logisch, dass dieser Mensch im Wahlkampf seine Erfolge zelebriert, sie vorführt? Sie entweder selbst erwähnt oder durch Dritte immer und immer wieder auf seine Erfolge verweist? Nun, logisch wäre es vielleicht aber - wie Obama es vorgelebt hat - nicht unbedingt hilfreich.

Wie erwähnt, war Barack Obamas Positionierung eine sehr volksnahe. Sohn eines Zuwanderers, aufgewachsen bei den Großeltern, hinaufgearbeitet von ganz unten. Er hätte Erfolge zu präsentieren gehabt - und hat sie auch nicht unter den Teppich gekehrt - in seinen Worten aber hat er all seine Erfolge zu denen seiner Zuhörer gemacht.

Er machte alle Wahlsiege zu Erfolgen seiner Wähler, indem er in seinen Worten immer wieder rasch von Ich-Formulierungen auf Wir-Formulierungen wechselte.

---

**When I'm President, we will make science instruction a national priority, and we'll develop**

---

*- Town Hall on Energy -*

---

**And when I am President of the United States, we will end this war in Iraq [...] we will finish the job against al Qaeda in Afghanistan; we will care for our veterans; we will restore our moral standing in the world; and we will...**

---

*- Yes We Can -*

---

**... no one imagined that we'd have accomplished what we did here tonight in New Hampshire. [...] we were far behind, and we always knew our climb would be steep. But in record numbers, you came out and you spoke up for change. [...]**

But the reason our campaign has always been different is because it's not just about what I will do as President, it's also about what you, the people who love this country, can do to change it.

*- Yes We Can -*

Eine der typischen rhetorischen Methoden Obamas ist das Darstellen der Erfolge seiner Kampagne als Erfolge seiner Zuhörer. So macht er sich von einem Spitzenkandidaten zu der Leitfigur seiner Bewegung.

Einer erfolgreichen Bewegung. Barack Obama weiß: wenig ist anziehender als bei einem erfolgreichen Team dabei zu sein. Barack Obama magnetisisert seine Kampagne. Eine Strategie, die funktioniert.

Man muß denken wie die wenigsten und reden wie die meisten.

*- Arthur Schopenhauer -*

## *Obamas Nähe*

Wer die Menschen berühren will, muss ihnen nahe sein. Nah im Sinne des Verstehens der Herausforderungen und der Sorgen der Menschen. Wegen seines großen Erfahrungsschatzes - von derKindheit in Indonesien bis hin zu seiner Arbeit als Jurist - kann Barack Obama hier aus dem Vollen schöpfen.

**Obamas Tipp:**
Geteilte Erfolge
Gemeinsame Sache.

Im Einstieg zu jedem motivierenden Vortrag steht die Frage: wie kommt man dem Publikum nahe, wie nimmt man Kontakt auf. Die direkteste Art ist zu betonen, was man mit dem Publikum gemeinsam hat.

### *Obama ist „einer von uns“*

Diese Strategie ist quer durch seine Auftritte klar erkennbar: wo nur irgendwie möglich, suchte er Anknüpfungspunkte mit dem Publikum. Entweder in seiner persönlichen Geschichte, die an und für sich viel Gelegenheiten für Verbindungen bietet, oder durch seine Metaphern und Zitate.

---

I know what it means to have an absent father...

---

*- Father's Day -*

---

... when I hear a woman talk about the difficulties of starting her own business or making her way in the world, I think about my grandmother, who worked her way up. [...]
I am the son of a black man from Kenya and a white woman from Kansas. I was raised with the help of a white grandfather who survived the Depression to serve in Patton's Army during World War II and a white grandmother who worked on a bomber assembly line at Fort Leavenworth while he was overseas. [...]
I have brothers, sisters, nieces, nephews, uncles and cousins, of every race and every hue, scattered across three continents, and for as long as I live, I will never forget that in no other country on Earth is my story even possible.

---

*- Acceptance Speech -*

In seiner Acceptance Speech hat er mit exakt 100 Worten seine Zielgruppen sehr direkt angesprochen. Wer während des zweiten Weltkriegs in den U.S. lebte, hat Opfer gebracht - darauf trifft die Geschichte seiner Großeltern zu. Wer diese Erlebnisse nicht teilt, ist Zuwanderer, darauf trifft die Geschichte seines Vaters zu.

In vielen Reden verweist Barack Obama auf seine Ursprünge, seine Arbeit in Chicago. So schafft er Nähe zum Publikum, so, als wäre er einer aus dem Publikum, der eher zufällig am Podium steht.

> ... while I may be standing here tonight, I'll never forget that my journey began on the streets of Chicago doing what so many of you have done for this campaign and all the campaigns here in Iowa - organizing, and working, and fighting to make people's lives just a little bit better.

*- Iowa Caucus Night -*

Die Methode dahinter ist klar: Verbindende Elemente mit dem Publikum werden gesucht, betont und häufig wiederholt.

### *Wie Obama die Mitbewerber darstellt*

Während Barack Obama einer von uns ist, ist die Botschaft bezüglich der anderen Kandidaten auch klar. Wo Barack Obama sich nahe zum Publikum stellt, dort müssen die anderen weiter weg geschoben werden. Damit werden sie zu den „Anderen".

Die „Anderen" sind ein beliebtes Konzept in der politischen Rhetorik. Denn es vereint die Zuhörer hinter dem Redner. Ziele im Wahlkampf oder politische Gegner vereinigen eine Wahlbewegung ebenso, wie gut kommunizierte strategische Ziele die Mitarbeiter in Firmen zusammenschweißen.

Mit Beispielen, bildhafter Sprache und konkreten Worten stellt Barack Obama ganz klar dar, wer die anderen sind.

> ... we can tell the drug and insurance industry that while they'll get a seat at the table, they don't get to buy every chair. Not this time. Not now.

*- Yes We Can -*

Typische „Andere" für Barack Obama sind „die da oben", wobei er niemals die Personen selbst angreift, sondern immer die abstrakten Feindbilder, die großen Konzerne attackiert. Das sind die Gesundheitsversicherer und Pharmafirmen, die einer Gesundheitsreform im

Weg stehen, das sind Firmen, die Arbeitsplätze ins Ausland absiedeln und das sind die Ölkonzerne, die für die Abhängigkeit der U.S.A. vom Rohöl stehen.

---

**Why else would he [John McCain] define middle-class as someone making under $5 million a year? How else could he propose hundreds of billions in tax breaks for big corporations and oil companies, but not one penny of tax relief to more than 100 million Americans?**

**How else could he offer a health care plan that would actually tax people's benefits, or an education plan that would do nothing to help families pay for college, or a plan that would privatize Social Security and gamble your retirement?**

---

*- Acceptance Speech -*

Mit vielen rhetorischen Fragen stellt Obama klar: McCain ist garantiert nicht „einer von Euch", er ist „einer von denen". Von denen, die viel verdienen, die alles haben und dennoch nie genug bekommen können, von denen, die Konzerne leiten und Menschen kündigen.

---

**It's not change when he wants to give $200 billion to the biggest corporations or $4 billion to the oil companies or $300 billion to the same Wall Street banks that got us into this mess. It's not change when he comes up with a tax plan that doesn't give a penny of relief to more than 100 million middle-class Americans. That's not change. Look - we've tried it John McCain's way. We've tried it George Bush's way.**

---

*- Acceptance Speech -*

Im Wahlkampf war es eine der Strategien von Barack Obama, seinen Konkurrenten John McCain möglichst nah zu G. W. Bush zu stellen. Denn die Politik des Vorgängers wurde in weiten Teilen der Bevölkerung abgelehnt. Diese Strategie ging voll auf. Wie einer der Vertrauten John McCains nach dem Wahlkampf bestätigte, hatte der Republikaner keinen Plan, um sich von G.W. Bush zu distanzieren.

Diese Strategien, den Gegner möglichst weit vom Wähler weg zu bringen, ist im Wahlkampf völlig normal. So wurde Obama unterstellt, Moslem zu sein, unpatriotisch zu agieren und all jene Eigenschaften zu haben, die ihn von einem „echten Amerikaner“ unterscheiden.

### *Einer von Euch im beruflichen Umfeld*

Die Methode „einer von Euch“ ist kein rein politisches Phänomen. Wir finden es an vielen Stellen in der Wirtschaft und auch in der Gesprächsführung. Dort wird es häufig mit anderen Begriffen belegt, wie z.B. Rapport.

**Obamas Tipp:**
Finde Gemeinsamkeiten, finde Lösungen.

Das zu Grunde liegende Prinzip ist: wo immer Ähnlichkeiten mit Gesprächspartnern gefunden und betont werden können, wird die Beziehung verbessert. Dazu zählen ähnliche berufliche Werdegänge, gleicher Wohnort oder Schule wie auch eine ähnliche Kleidung. Viele Berufsgruppen haben eine eigene Wortwahl und Fachsprache entwickelt, die die Zugehörigkeit sofort klären. Das betrifft nicht nur Ärzte und Juristen, sondern findet sich in nahezu allen Berufsgruppen und sozialen Schichten.

In Verkaufsgesprächen wird diese Methode verwendet, um eine gute und vertrauensvolle Gesprächsbasis mit dem Kunden herzustellen. Verkaufsprofis lernen in Trainings wie sie schnell eine gute Gesprächsbasis aufbauen, um herauszufinden, was der Kunde tatsächlich benötigt. Die Werkzeuge dafür beinhalten Sprache, Themen- und Wortwahl und natürlich auch die Körpersprache. Sie alle verstärken Vertrauen. Im beruflichen wie im privaten Umfeld.

The great influence of sound on the human brain is well known. The sentences of the orator when he appeals to his art become long, rolling and sonorous.

*- Winston Churchill -*

## *Wichtiges wird wiederholt. Wiederholt. Wiederholt*

Verabscheut von Deutschlehrern, geliebt von Rednern: Wortwiederholungen. Rhetoriker benutzen sie, wann immer es geht. Am Satzanfang, am Satzende und in der Mitte finden wir die Wiederholungen. Denn sie betonen, strukturieren und gestalten das gesprochene Wort. Wo sie im geschriebenen Text oft nicht voll zur Geltung kommen, sind sie in der Rede ein mächtiges Werkzeug.

In Schriftstücken gibt es Absätze und Überschriften, Kursiv- und Fettdruck. Im gesprochenen Wort gibt es Wortwiederholungen: Anapher, Epipher, Anadiplose & Co. Die Geschichte des Lesens und Schreibens ist wenige Jahrhunderte jung, die des Geschichten-Erzählens und Zuhörens ist Jahrtausende alt. Kein Wunder, dass älteste Sprachmuster noch immer wirken - selbst wenn, wie im folgenden Beispiel, nur das Bindewort am Satzanfang wiederholt wird.

Und die Erde war wüst und leer,
und Finsternis war über der Tiefe,
und der Geist Gottes schwebte über den Wassern.
Und Gott sprach: es werde Licht

*- Das erste Buch Mose (Genesis), 1.2 -*

So wenig, wie das vorliegende Buch eines über Politik ist, ist es eines über Religion. Doch nachdem diese Texte über Jahrtausende zuerst überliefert, dann niedergeschrieben, dann verfeinert, dann übersetzt wurden, haben sie weiterhin Wirkung für hunderte Millionen Menschen.

Keine Sorge, um zu überzeugen ist es nicht erforderlich, wie im Buch Genesis einhundert Wortwiederholungen in nur achthundert Worten anzuwenden. Selbst wenn manche Redner durchaus dazu neigen. Denn der Enthusiasmus der Rhetoriker geht oft bis an die Grenzen des Erträgchen - und manchmal darüber hinaus.

Dennoch: Wiederholungen zählen zu den einfachsten und im Vergleich dazu wirksamsten Werkzeugen der Rhetorik.

**Obamas Tipp:**
Say it again.
Again. Again.

*Wiederholungen am Satzanfang*

Sie wurden zu einem Markenzeichen Barack Obamas: die wortwörtlichen Wiederholungen am Satz- bzw. Absatzanfang. In der Rhetorik werden sie auch Anaphern genannt. Barack Obama nutzt diese Wiederholungen, um seine Rede zu strukturieren. Er gibt so seinen Argumenten mehr Gewicht. Oft ist in jeder folgenden Wiederholung ein weiteres Beispiel oder ein weiterer Beweis, der sein Argument unterstützt.

I don't want to wake up four years from now and find out that millions of Americans
still lack health care because we couldn't take on the insurance industry.
I don't want to see that the oceans have risen a few more inches. The planet has
reached a point of no return because we couldn't f
ind a way to stop buying oil from dictators.
I don't want to see more American lives put at risk because no one had the judgment
or the courage to stand up against a misguided
war before we sent our troops into fight.
I don't want to see homeless veterans on the streets.
I don't want to send another generation of American children to failing schools.
I don't want that future for my daughters.
I don't want that future for your sons.
I do not want that future for America

*- Jefferson-Jackson-Speech -*

Reform des Gesundheitswesens, Umweltschutz, Krieg, Bildungssystem... in kürzester Zeit kann Obama mit den Wiederholungen seine Botschaften transportieren und nochmals verankern. In den Wiederholungen kann sich sein Publikum wiederfinden, an den Rhythmen sich begeistern.

Wie sehr sich Barack Obama auf die Wirkung der Anapher verlässt, zeigt auch seine Rede anlässlich des Geburtstags von Martin Luther King. In dem frei gehaltenen Teil seiner Rede benutzt er sieben Wortwiederholungen:

---

Everybody here understands how difficult it is to bring about true change. Change that we can believe in. But I also know this. That nothing in this country worthwhile has ever happened except somebody somewhere decided to hope.
That's how this country was founded because a group of patriots decided they would take on the British Empire. Nobody was putting their money on them.
That's how slaves and abolutionists resisted that evil system.
That's how a new president was able to chart a course to ensure that this nation would no longer remain half slave and half free.
That's how the greatest generation defeated fascism and overcame a great depression.
That's how won the right to vote.
That's how workers won the right to organize.
That's how young people and old people and middle aged folks were willing to walk instead of riding the bus ...

---

*- The Great Need of the Hour -*

Zwei Minuten, sieben Wortwiederholungen. Das kann an der Grenze des Machbaren liegen. Allerdings nutzt die bildhafte Sprache und die fesselnde Intonation den Rhythmus der Wiederholungen, ohne darüber zu stolpern. Dafür benutzt Obama die Anapher wie eine einfache Formel.

... we can't afford four more years of more of the same.
We can't afford to let dictators hold our national security hostage because of our energy dependence.
We can't afford to endanger our planet because we can't shake an addiction to oil.
And we can't afford more tax breaks for oil companies while they make record profits and you pay $4 for a gallon of gas.

*- Town Hall on Energy -*

If there is anyone out there who still doubts that America is a place where all things are possible, who still wonders if the dream of our founders is alive in our time, who still questions the power of our democracy, tonight is your answer.

*- Victory Speech -*

Die Fülle der Beispiele macht klar, wie sehr die Anapher zu einem Markenzeichen Obamas Rhetorik wurde. Er nutzt sie im freien Vortrag. Er nutzt sie im vorbereiteten Skript. Er nutzt sie in jeder Rede. Doch was machen andere mit der Anapher? Zum Beispiel europäische Politiker?

Und ich bitte um Vertrauen für eine Politik, die ich bisher gemacht habe.
Eine Politik, die sich darum dreht, die sozialen Sicherungssysteme, die in den 90er Jahren sträflich vernachlässigt worden sind, neu zu justieren, damit sie auch unseren Kindern und Enkelkindern zur Verfügung stehen.
Eine Politik, die die natürlichen Lebensgrundlagen, zum Beispiel durch eine Energiepolitik, die sehr stark auf erneuerbare Energien setzt, diskreditiert gelegentlich aus der Gesellschaft heraus.
Und eine Politik, [die] Deutschland nach außen positioniert hat als mittlere Macht des Friedens, die dafür gesorgt hat - und ich habe dafür manche Kritik einstecken müssen -, dass Deutschland heraus gehalten wird, zum Beispiel aus dem Irak- Krieg.
Für diese Politik erbitte ich Unterstützung und neues Vertrauen.

*- Fernsehdebatte Merkel - Schröder 2005, Schröders Eingangsstatement -*

Gerhard Schröder hätte auch einfach sagen können: ich habe gute Politik gemacht, ich bitte Sie um Vertrauen für weitere 4 Jahre. Hat er nicht. Das Fernsehduell hat er gewonnen - die Koalitionsverhandlungen verloren.

Im Fernsehduell hatte er eine Gegenspielerin, die sich in der Konfrontation völlig anders positionierte. Wo Schröder mit großen Worten staatsmännisch parlierte, dort trat Merkel als bemühte Sachpolitikerin auf. Damit hat sie die Zuseher nicht begeistert, aber einen klaren Gegenpol zu dem rhetorischen Schwergewicht Schröder gebildet.

Doch das Fernsehduell darf nicht täuschen. Angela Merkel nutzte die Anapher bei vielen Gelegenheiten, um eigene Argumente zu unterstützen. Was die Vermutung nahe legt: die Anapher ist möglicherweise die weitest verbreitete rhetorische Figur.

---

Wir sollten eine Partei sein, die Partei ergreift für Bindungen, für Menschen, die den Mut haben, sich in dieser Gesellschaft zu binden. Wir sollten Menschen ermutigen, sich bei komplizierten Sachzusammenhängen eine Meinung zu bilden. Wir sollten sie ermutigen, sich entscheiden zu können. Und wir sollten sie ermutigen, sich zu engagieren.

---

*- Angela Merkel am CDU-Parteitag April 2000 -*

Auch hier hätte die spätere Kanzlerin einfacher sagen können: „Wir sollen eine Partei für Menschen sein und ihnen Mut geben." Inhaltlich die gleiche Botschaft - aber die Anapher bringt einfach mehr.

Anaphern begleiten die berühmtesten Reden und die berühmtesten Redner. Zum Abschluss noch ein Beispiel aus jener Rede, die zur Basisliteratur jedes angehenden Redners gehört: kein Monat nachdem Winston Churchill Premierminister wurde, hatte er sein Volk zu inspirieren. Er hatte es aber auch auf das Kommende vorzubereiten, denn es war früh im Krieg. Er hatte auch eine klare Botschaft für die Diplomaten auf beiden Seiten: Friedensverhandlungen sind keine Option.

We shall not flag or fail.
We shall go on to the end.
We shall fight in France,
we shall fight on the seas and the oceans,
we shall fight with growing confidence and growing strength in the air,
we shall defend our island, whatever the cost may be.
We shall fight on the beaches, we shall fight on the landing grounds,
we shall fight in the fields and in the streets,
we shall fight in the hills;
we shall never surrender.

*- Winston Churchill, House of Common -*

Nicht nur besticht Churchill durch die Anapher, jeder Wortwiederholung folgt ein Beispiel. Das verstärkt das Argument, gibt ihm mehr Gewicht.

*Wiederholungen am Satzende*

Barack Obama bedient sich aber nicht nur der Wortwiederholungen am Satzanfang als Werkzeug. Seltener, aber sehr gekonnt, benutzt er Wortwiederholungen am Satzende. Diese Figur, Epipher genannt, ist wesentlich herausfordernder als die Anapher.

Grundsätzlich kann die Anapher aus jeder Wortfolge bestehen. Nehmen Sie das Zitat von Seite 82: „That's how" ist für sich kein beeindruckendes Statement. Der Auftakt der Sätze darf so gestaltet werden. Der Wortrhythmus ist neben den inhaltlichen Wiederholungen eine markante Eigenschaft der Anapher, der Wortwiederholung am Satzanfang.

Bei der Epipher, der Wortwiederholung am Satzende, dagegen kommt dem Inhalt weit mehr Bedeutung zu. Denn wo die Anapher strukturiert, dort transportiert die Epipher. Die Epipher transportiert eine Botschaft, und das kann nicht mehr eine beliebige Wortfolge sein.

I think we'd all agree that the goals of this law were the right ones. Making a promise to educate every child with an excellent teacher is right.
Closing the achievement gap that exists in too many cities and rural areas is right.
Making sure that necessary resources and qualified teachers are distributed equitably among every city and small town is right.
More accountability is right.
Higher standards are right.

But I'll tell you what's wrong with No Child Left Behind.
Forcing our teachers, our principals, and our schools to accomplish all of this without the resources they need is wrong.
Promising high-quality teachers in every classroom and then leaving the support and the pay for those teachers behind is wrong.
Labeling a school and its students as failures one day and then throwing your hands up and walking away from them the next is wrong.

*- Our Kids, Our Future -*

Die Epipher: mit ihr betont Barack Obama zuerst, was alles im Prinzip richtig ist, um dann klarzustellen, was alles an der konkreten Lösung von G. W. Bush falsch ist. Er hätte statt all dieser Wiederholungen Umschreibungen verwenden können. Damit wäre das Argument aber nicht nur länger gewesen. Es wäre komplexer gewesen. Es wäre nicht so erfolgreich gewesen.

Auch im frei gehaltenen Teil seiner Rede „The Great Need of the Hour" nutzt Obama die Wortwiederholung am Satzende.

... my daddy left me when I was two years old. I needed some hope to get here.
I was raised by a single mother, I needed some hope to get here.
I got in trouble when I was a teenager, I did some things folks don't like to talk about.
I needed some hope to get here.

*- The Great Need of the Hour -*

Die Epipher, Wortwiederholungen am Satzende. Sie wirken wie ein Anker für das Argument und sorgen für lang andauernden Eindruck.

Barack Obama hat die Macht der Epipher nicht zuletzt dadurch gezeigt, wie er den Slogan „Yes We Can“ etablierte: aus dieser Epipher wurde ein Mantra für die gesamte Kampagne (siehe Seite 63).

**Boys, if you ever pray, pray for me now.**

*- Henry Truman -*

### *Wiederholungen mittendrin*

Zu den obersten Prinzipien der Rhetorik zählt, kurze Sätze zu bilden und Hauptsätze zu verwenden. Verschachtelte Sätze sorgen für wenig Begeisterung. Begeisterung wird geweckt durch klare, kurze und konkrete Aussagen. Aussagen, die der Alltagssprache ähnlich sind, Aussagen, die einfach sind. Einfache Sprache hat übrigens mit „Verdummung“ nichts zu tun. Verständlich zu sein ist niemals dumm, wenn Sie begeistern wollen.

Doch wie kann man nun ein etwas komplexeres Argument vermitteln? So vermitteln, dass es verstanden wird? Ein Weg ist die Verwendung einer bildhaften Sprache. Bildhafte Sprache transportiert mehr Emotionen als pure Sachsprache. Diesen Weg werden wir uns ansehen (siehe Seite 115).

Gibt es aber auch eine Wortwiederholung, die es erlaubt, Sprachkürze zu nutzen und Denkweite zu vermitteln? Ja, das ist die Anadiplose.

**But this, too, is part of America's promise, the promise of a democracy where we can find the strength and grace to bridge divides and unite in common effort.**

*- Acceptance Speech -*

Die Anadiplose ist eine Verkettung von Sätzen. Sätze werden zusammengezogen und für die Zuhörer zu einem Ganzen, während sie Kürze und Klarheit behalten. Längere Argumente werden mit der Anadiplose zu einem logischen Ganzen.

Nehmen wir obiges Beispiel, für Barack Obama war im Wahlkampf eine häufige Erwähnung des amerikanischen Traums wichtig, hat er sich ja positioniert als Verkörperung dieses Traums. Dieses Traums, in dem Hoffnung, Arbeit und Zusammenhalt die aktuelle Depression, Frustration und den politischen Zynismus aufwiegen sollen. Aus diesem Aspekt ist es ganz klar, dass die Worte „America's promise" von ihm oft zu hören waren.

Eine der bekanntesten Anadiplosen der letzten Jahre kommt aber nicht von Barack Obama selbst. Sie kommt von seinem Vorgänger, George W. Bush.

**I hear the voices, and I read the front page, and I know the speculation. But I'm the decider, and I decide what is best. And what's best is for Don Rumsfeld to remain as the secretary of defense.**

*- G.W. Bush, 20. April 2006 -*

Anapher („I" & Verb), zweifache Anadiplose und einer seiner berühmten "Bushisms", Irrwörter der Sprache, die tagelange Medienpräsenz garantieren: „decision maker" wäre statt „decider" die korrekte Formulierung gewesen.

Die Macht der Anadiplose liegt darin, dass sie Themen von einem Satz zum nächsten übergibt. Während heute viele Argumente mit Zahlen, Daten und Fakten belegt werden, ist diese statistische Vorgangsweise tatsächlich noch sehr neu. Für Jahrtausende war die logische rhetorische Beweisführung das Maß aller Dinge. Die Anadiplose war genau dafür eine wichtige Figur. Denn sie ermöglicht, ein Argument mit Witz und über einen kleinen, aber sinnstiftenden Umweg zu formulieren:

**Das Talent ist auch ein Putz; ein Putz ist auch ein Versteck.**

*- Friedrich Nietzsche -*

Hier verändert sich die Formel der Anadiplose etwas, denn sie verkettet nicht nur, sie baut auch auf. Der erste Satz ist für sich sinnvoll, der zweite ebenso. Die Anadiplose verbindet nun beide zu einem aufsteigenden Ganzen und verändert den Sinn der Botschaft.

**Fear leads to anger. Anger leads to hate. Hate leads to suffering.**

*- Yoda, Jedi Master -*

### *Wiederholung als Krönung*

Es ist die Art wie Barack Obama das Publikum motiviert, ja geradezu aufpeitscht, die ihn zu einem dermaßen beeindruckenden Rhetoriker macht. Aus seinem Werdegang kann er auf viele Erfahrungen verweisen. Das sind Erfahrungen, die die Basis seiner Botschaften bilden. Botschaften wiederum, die er im Wahlkampf wie kein anderer unter das Volk brachte.

Wie macht er das? Lesen Sie doch den vorigen Absatz noch einmal, was fällt auf?

Werdegang ⇨ Erfahrungen ⇨ Botschaften ⇨ Volk

Eine Aussage folgt der nächsten. Die Aussagen bauen aufeinander auf und stellen jeweils eine Steigerung dar. Das geht auch in die gegenteilige Richtung, wie das Kapitelzitat des Jedi Masters zeigt:

Fear ⇨ Anger ⇨ Hate ⇨ Suffering

Diese Methode hat Barack Obama mehr als einmal angewandt. Mit der so genannten Gradatio machte er aus einem begeisterten Publikum eine tosende Menge. Wer die Videos dieser Stellen betrachtet, kann Schritt für Schritt die lauter werdende Menge hören.

---

But it is where we begin. It is why the walls in that room began to crack and shake.
And if they can shake in that room, they can shake in Atlanta.
And if they can shake in Atlanta, they can shake in Georgia.
And if they can shake in Georgia, they can shake all across America.
And if enough of our voices join together, if we see each other in each others eyes; we can bring those walls tumbling down. The walls of Jericho can finally come tumbling down. That is our hope - but only if we pray together, and work together, and march together.

---

*- The Great Need of the Hour -*

---

One voice can change a room. If it can change a room, it can change a city. If it can change a city, it can change a state. And if it can change a state, it can change a nation, and if it can change the nation, it can change the world.

---

*- Closing Argument -*

Die Gradatio besteht aus aufeinander aufbauenden Aussagen. Sie ist unter den Wortwiederholungen eine der komplexeren Figuren. Geschickt eingesetzt ist sie aber auch ein Hebel für eine noch beeindruckendere Präsentation. Genaue Beobachter haben bereits entdeckt: die Gradatio ist im Kern eine mehrfache Anadiplose.

### *Anapher, Epipher, Anadiplose*

Für Menschen mit Botschaft - von Barack Obama bis zum Autohändler - sind Wortwiederholungen rhetorische Goldstücke. Sie erlauben, Argumente zu strukturieren, den Fokus der Zuhörer zu orientieren und Botschaften zu transportieren.

Dafür müssen wir uns keinen einzigen der griechischen Begriffe merken. Merken sollten wir uns aber:

Die Anapher hat geringe Ansprüche an die gewählten Worte. Geübte Vortragende nutzen sie bei den meisten Auftritten. Geübte Vortragende können sie auch im Stegreif einsetzen.

Die Anadiplose verbindet Sätze und Argumente. Sätze und Argumente, verbunden durch die Anadiplose hinterlassen Eindruck. Eindruck, der Ihre Präsentationen begeistern lässt.

**Obamas Tipp:**
Baue Treppen hin zur Begeisterung.

Wo die Anapher der Auftakt zur Rede ist, dort ist die Epipher ihr Abschluss. Lange Argumente - bei Barack Obama oft mit Anaphern geschmückt - finden mit der Epipher ihren Punkt. Die letzten Worte sind eine logische Konsequenz und bleiben als solche hängen. Die Rede „Yes We Can" ist ein hervorragendes Beispiel.

Die Gradatio ist die Krönung der Wortwiederholungen. Wegen ihres Grandeurs hat sie massive Wirkung. Wegen der Wirkung hat sie Macht. Macht sollte sparsam genutzt werden - wie auch die Gradatio.

### *Wortwiederholungen für die Praxis*

Wie sähen Barack Obamas Muster in der alltäglichen Praxis aus? Wo können wir die Werkzeuge am besten nutzen? Eines ist klar: welches Werkzeug wo am besten passt, ist von der Situation abhängig. Eine Anapher kann gekonnten Rhetorikern auch aus dem Stehgreif gelingen - eine Gradatio dagegen sollte nicht nur geplant, sondern auch überlegt eingesetzt werden.

Die Anapher im ersten Projektmeeting

**Beispiel:** Herzlich Willkommen. Sie haben alle die Vorab-Informationen erhalten. Nur noch als Zusammenfassung und um das Ziel nochmals zu betonen: in dem Projekt betreten wir Neuland. Es geht um den Einsatz einer neuen Methode. Es geht um das Sammeln von Erfahrungen für spätere Projekte. Es geht um sinnvollen Einsatz von Personal und Budget. Und, was bei all dem im Vordergrund stehen soll: es geht um einen zufriedenen Kunden als Referenz für die Zukunft.

Die Anadiplose im Verkaufsgespräch Autohandel

**Beispiel:** Dieses Fahrzeug verfügt über eine Abblendautomatik für kostenbewusste Fahrer. Kostenbewusste Fahrer freuen sich, denn das Abblendlicht wird nur verwendet, wenn es auch gebraucht wird. Das spart Sprit und Kosten.

Die Epipher vor dem Gemeinderat

**Beispiel:** Wir benötigen eine bessere Kinderbetreuung, um junge Familien anzuziehen. Wir müssen die Infrastruktur zur Verfügung stellen - einen Supermarkt im Osten und Spielplätze nahe der neuen Siedlung - um junge Familien anzuziehen. Und wir brauchen ein ansprechenderes Freizeitangebot, um die jungen Familien anzuziehen. Das brauchen wir und keine...

Die Gradatio zur Weihnachtsfeier

**Beispiel:** ... lassen Sie mich zum Abschluss noch erzählen, was mir letztens passierte. Es war ein regnerischer Tag, drei unserer Fahrer meldeten sich krank und im Lager war ein Transporter defekt. Es war kein erfreulicher Tag. Sie alle kennen diese Tage. Doch als ich den Gang entlanggging kam mir ein Kollege entgegen.

Nein, ich will jetzt gar nicht sagen, wer es war, das ist jetzt gar nicht so wichtig. Wichtig ist: er lächelte und wünschte mir einen Guten Morgen. Vielleicht hätte ich mich wundern sollen, warum mir jemand um 10 Uhr noch einen Guten Morgen wünscht - aber dazu kam ich nicht. Denn das Lächeln war ehrlich, es war echt. Es erinnerte mich daran, dass auch dieser Tag gut begonnen hatte und gut zu Ende gehen würde. Es erinnerte mich daran, selbst zu lächeln.

Und dieses Lächeln veränderte meinen Tag. Die Fahrer waren dennoch krank und der Transporter weiter defekt. Aber irgendwie war es jetzt besser. Und ich glaube, den Menschen um mich herum ging es dann auch besser.

Was ich Ihnen in die Weihnachtsfeiertage mitgeben will ist eine Idee:

Wenn ein Lächeln für einen Menschen einen Tag besser machen kann, vielleicht kann es das für ein ganzes Team? Und wenn es das für ein Team kann, vielleicht kann es das für eine Firma? Und wenn es das für eine Firma machen kann, vielleicht merken das auch Lieferanten und Kunden, ja vielleicht sogar die eigene Familie? Und wenn sich nur ein Mensch am nächsten Morgen an ein Lächeln des Vortages erinnern kann, und er oder sie lächelt weiter, vielleicht kann das eine Lächeln eine ganze Woche verändern? Ein Monat? Ein Jahr?

Was ich Ihnen mitgeben will ist ein Danke für das vergangene Jahr und ein Lächeln für das kommende.
Fröhliche Weihachten!

Der Pfarrer predigt fünf Minuten für den Herrgott,
fünf Minuten für das Volk
und den Rest für die Katz.

*- Beat Schaller -*

## *In aller Kürze*

Liegt in der Kürze die Würze? Oder doch in der Eloquenz die Kompetenz?

Ein Muster, welches sich bei vielen rhetorischen Könnern wiederfindet, ist jenes der Brevitas - der plötzlichen Verkürzung der Sätze wenn es um eine wichtige Botschaft geht. Wichtige Botschaften kommen in kurzen Sätzen.

Man kann an dieser Stelle erwidern, dass die Sprachen Englisch und Deutsch zu verschieden sind, um derartige Vergleiche zuzulassen. Und es stimmt - ein Hauptsatz im gesprochenen Englisch ist oft kürzer als im Deutschen. Die deutsche Sprache erlaubt Kunstwerke an Nebensätzen. Das macht sie nicht einfacher. Das macht sie nicht begeisternder.

**Obamas Tipp:**
Kurze Worte.
Lange Begeisterung.

Wer begeistern will, klingt nicht wie ein Gesetzbuch. Wer begeistern will, klingt nicht wie ein Bescheid. Wer begeistern will, klingt wie ein guter Bekannter, mit dem man viel gemeinsam hat. Lange, komplexe Sätze schaffen Distanz. Distanz stört Begeisterung.

Die Wirkung verkürzter Sätze können wir an vielen Stellen entdecken. Cäsar sagte nicht: nach langer und entbehrungsreicher Reise sind wir angekommen, haben die strategische Situation analysiert und erfasst und nach ausreichender Erkundung die Schlacht siegreich beendet. Er sagte das nicht, obwohl es vermutlich den Tatsachen entsprach. Er sagte stattdessen:

---

veni, vidi, vici.

---

*- Julius Cäsar -*

2005 hat Gerhard Schröder mit der Vertrauensfrage selbst Neuwahlen ausgelöst und diese letztendlich verloren. Die Maßnahme, gegen sich selbst die Vertrauensfrage zu richten, wurde von Verfassungsjuristen zumindest als fragwürdig eingestuft.

Werner Schulz von den Grünen ergriff gegen die Vertrauensfrage das Wort. Er hätte völlig korrekt sagen können: „Herr Bundeskanzler, die von Ihnen verlangte Vertrauensfrage entbehrt jeglicher Grundlage und ist lediglich ein taktisches Manöver, mit dem Sie planen, noch mehr Macht anzusammeln. Der Beweis dafür ist die Tatsache, dass Sie selbst angekündigt haben, sich der Stimme zu enthalten."

Hätte er. Hat er aber nicht. Stattdessen formulierte er:

---

Schon der erste Satz Ihres Antrages, Herr Bundeskanzler, ist unwahr. Sie wollen doch gar nicht, dass man Ihnen das Vertrauen ausspricht. Sie wollen diese Abstimmung verlieren. Sie suchen einen Grund für Neuwahlen und damit das organisierte Misstrauen. Sie selbst haben verkündet, sich der Stimme zu enthalten. Aber was ist ein Kanzler, der das Selbstvertrauen verloren hat?

---

*- Werner Schulz, Deutscher Bundestag -*

6 Sätze, 56 Wörter - also 9 Wörter je Satz. Das ist einprägsame Sprache.

Sprachkürze gibt Denkweite.

*- Jean Paul -*

### *Plötzlich verkürzte Sätze*

Von der Antike bis ins Medienzeitalter hat sich das Prinzip der Kürze gehalten. Es ist also kaum bemerkenswert, dass auch Barack Obama dieses Werkzeug nutzt. Was bemerkenswert ist, ist die Art, in der Barack Obama komplexere Sätze durch kurze abschließende Sätze verstärkt.

Zum Beispiel in seiner Geschichte von Ashley:

And he [old man in the campaign room] does not bring up a specific issue. He does not say [he was there because of] health care or the economy. He does not say education or the war. He does not say that he was there because of Barack Obama. He simply says to everyone in the room, „I am here because of Ashley."
I'm here because of Ashley. By itself, that single moment of recognition between that young white girl and that old black man is not enough. It is not enough to give health care to the sick, or jobs to the jobless, or education to our children.
But it is where we start. It is where our union grows stronger.

*- A more perfect Union -*

Eine rhetorische Goldmine. Sie zeigt auch, wie Obama mit den Sätzen arbeitet: Aufbau einer durchaus längeren Argumentation. Dann der Abschluss mit Kernaussagen seiner Kampagne: healthcare, jobs, education und dann ein abruptes Ende: „But it is where we start. It is where our union grows stronger."

In der Einleitung finden sich die Zuhörer wieder. Der eine ist tatsächlich wegen seiner Sorgen um seine Gesundheitsvorsorge anwesend, ein anderer wegen seines Arbeitsplatzes. Alle finden sich wieder. Sie erinnern sich an das Beispiel mit der Armbanduhr? (siehe Seite 70)

Was bei den Zuhörern hängen bleibt ist, was sie von Anfang an am meisten interessierte. Der Rest wird ausgeblendet.

Längerer und zum Teil umfangreicher Aufbau, um dann kurz und knapp zu enden. Diese Methode verwendet Obama, um seine Botschaften gut und den Gegenkandidaten weniger gut erscheinen zu lassen:

---

**I don't believe that Senator McCain doesn't care what's going on in the lives of Americans; I just think he doesn't know.**

---

*- Acceptance Speech -*

16 Wörter, um zu sagen, John McCain kümmert sich um die Leben der Amerikaner. 6 Wörter, um zu sagen er hätte aber keine Ahnung.

---

**Why else would he define middle-class as someone making under $5 million a year? How else could he propose hundreds of billions in tax breaks for big corporations and oil companies, but not one penny of tax relief to more than 100 million Americans? -How else could he offer a health care plan that would actually tax people's benefits, or an education plan that would do nothing to help families pay for college, or a plan that would privatize Social Security and gamble your retirement?[...] It's not because John McCain doesn't care; it's because John McCain doesn't get it.**

---

*- Acceptance Speech -*

92 Wörter als Aufbau, 7 Wörter als Antwort. Der Aufbau ist lang, mit Zahlen gespickt, von Anaphern getragen. Die Antwort ist kurz, knapp, knackig. Was bleibt ist: John McCain hat keine Ahnung von der Wirtschaft. Diese Botschaft kam an, denn die Wirtschaftskrise hat sich als Hauptmotivator herausgestellt. Ein Thema, bei dem McCain tatsächlich wenig vorweisen konnte.

Sprachkürze gibt Denkweite. Kurze Worte machen mehr Eindruck.

*Kurz ist gut?*

Für das Prinzip der Kürze gibt es viele Beispiele. Vielleicht das am meisten beeindruckende ist die Gettysburg Address von 1863.

Die Gettysburg Address zählt zu den berühmtesten Reden der amerikanischen Geschichte. Sie wurde bei einem Festakt zur Einweihung eines Soldatenfriedhofs gehalten. Doch nicht die eigentliche Gettysburg Address wird heute gelesen, von Schulkindern auswendig gelernt wie sonst nur die Unabhängigkeitserklärung. Es ist die Nebenrede, die in die Geschichte einging.

Die Hauptrede dauerte 90 Minuten mit komplexester Sprache und perfekter Inszenierung. Der erste Satz allein hatte über 50 Worte. Sie erinnern sich an Werner Schulz? 9 Worte pro Satz im Bundestag.

Die „heutige" Gettysburg Rede waren lediglich die „Remarks of the President". Lincoln wurde nur als Ergänzung kurzfristig eingeladen. Er hatte wenig Zeit für die Vorbereitung. In drei Minuten und mit 272 Wörtern fasste Lincoln Kampf, Tod und Hoffnung zusammen.

---

Four score and seven years ago our fathers brought forth on this continent a new nation, conceived in Liberty, and dedicated to the proposition that all men are created equal.

Now we are engaged in a great civil war, testing whether that nation, or any nation, so conceived and so dedicated, can long endure. We are met on a great battle-field of that war. We have come to dedicate a portion of that field, as a final resting place for those who here gave their lives that that nation might live. It is altogether fitting and proper that we should do this.

But, in a larger sense, we can not dedicate—we can not consecrate—we can not hallow—this ground. The brave men, living and dead, who struggled here, have consecrated it, far above our poor power to add or detract.

The world will little note, nor long remember what we say here, but it can never forget what they did here.

It is for us the living, rather, to be dedicated here to the unfinished work which they who fought here have thus far so nobly advanced. It is rather for us to be here dedicated to the great task remaining before us—that from these honored dead we take

> increased devotion to that cause for which they gave the last full measure of devotion—that we here highly resolve that these dead shall not have died in vain—that this nation, under God, shall have a new birth of freedom—and that government of the people, by the people, for the people, shall not perish from the earth.
>
> *- Abraham Lincoln -*

Nicht nur die absolute Kürze der Rede hat ihren Erfolg ausgemacht: es ist auch die Kürze der Worte, die besticht. Einfache, klare und allgemein verständliche Worte. Siehe dazu Seite 102.

Oft überrascht es uns, wie kurz die Auftritte vieler Präsidentschaftskandidaten sind. Spätestens die Gettysburg Address macht klar: kurze Worte, bleibender Eindruck.

*Das rhetorische Prinzip der Kürze*

Hinter Beispielen wie Werner Schulz' Bundestagsrede und der Gettysburg Address steht ein rhetorisches Prinzip mit viel Tradition: die Brevitas. Damit ist eine plötzliche Verkürzung der Sätze gemeint.

Sie haben bereits Barack Obamas Verkürzungen gelesen. Aber auch andere verwenden das Prinzip mit großem Erfolg.

> Was heißt es, wenn man am Monatsende nicht weiß, ob man noch genug Geld hat, um Nahrungsmittel einzukaufen? Was heißt es, wenn man am Monatsende nicht weiß, ob man Geld hat, um die Miete zu bezahlen? Was heißt es, wenn man am Monatsende nicht weiß, ob man Geld hat, um die Stromrechnung zu bezahlen? Und wie demütigend ist es für Eltern, wenn sie feststellen müssen, dass sie ihrem Kind den Schulausflug nicht bezahlen können?
>
> Das hat nichts mit Zuversicht zu tun.
> Diese Menschen haben keine Zukunft.
>
> *-Oskar Lafontaine, Rede zum Bundeshaushaltsplan 2008 -*

Deutliche Ähnlichkeiten zwischen Obamas und Lafontaines Satzstruktur: Umfangreicher, bildhafter und von Anaphern getragener Aufbau - 74 Wörter in vier Sätzen. Stark verkürzter Abschluss in zwei Sätzen mit insgesamt 12 Wörtern. Der Auftakt hat Gewicht, die Botschaft ist kurz.

An diesen Zitaten können wir auch eine Argumentationsstrategie erkennen: mit Anaphern „beschwerte" Argumente, die den nachfolgenden verkürzten Sätzen Kraft und Energie geben. Energie, die dermaßen kurze Sätze nur selten haben können. Energie, die Sätze einprägsam macht.

*Machen wir's kurz*

Natürlich stellt sich wieder die Frage, wie können wir diese Muster in unsere Praxis tragen? Was können wir von Barack Obama lernen, um unser Arbeiten einfacher und leichter zu machen?

Wir haben erkannt, dass kurze Sätze uns näher ans Ziel bringen als lange Wortgirlanden. Der Kontrast ist hier wichtig. Wer permanent ausschließlich Kurzsätze formuliert, nimmt sich selbst die Kraft dieses Werkzeugs. Die Aussagen klingen dann wie Maschinengewehrfeuer - ermüdend für das Publikum. Erst die Botschaft selbst soll durch Kürze gewinnen.

Das Prinzip der Kürze im Verkaufsgespräch

**Beispiel:** Sicherheit ist Ihnen wichtig. Nun, betrachten wir dieses Fahrzeug: es hat ABS, damit Sie den kürzesten Bremsweg haben. Es hat eine elektronische Bremskraftverstärkung, damit Sie immer die optimale Bremswirkung haben. Es hat 6 Airbags, damit Sie und Ihre Familie im Falle eines Falles perfekt geschützt sind. Das ist ein sicherer Wagen.

Das Prinzip der Kürze im Mitarbeitegespräch und Management

**Beispiel:** Im letzten Quartal ist wieder viel voran gegangen. Wir haben neue Kunden gewonnen und bestehende Verträge ausgeweitet. Wir haben Mitarbeiter aufgenommen und die Auslastung gesteigert. Wir haben die Zahlungsziele verbessert und die Finanzlage stabilisiert. Kurzum: ein erfolgreiches Quartal. Gratulation.

Jeweils drei Sätze als Auftakt. Die Anapher gibt mehr Gewicht, der Abschluss ist dazu dann stark verkürzt. Bei den Empfängern soll ein Gefühl der Überzeugung sowie die Botschaft des Schlusssatzes hängen bleiben.

---

**Analogy may be a deceitful guide.**

---

*- Charles Darwin -*

## *Konkrete Sprache - klare Bilder*

Barack Obama schafft es, die Massen zu emotionalisieren. Er schafft das im direkten Wählerkontakt. Er schafft das bei seinen Reden via TV oder Internet. Sein Geheimwerkzeug ist in Wahrheit gar nicht so geheim. Es ist tatsächlich bereits sehr lange bekannt: sein Werkzeug, um die Menschen zu bewegen, ist seine konkrete Sprache. Konkrete Sprache, mit der er seinem Publikum Bilder malt.

Barack Obama spricht permanent in Bildern und meidet Abstraktionen wie Zahlen oder Statistiken. Das sind jene Dinge, mit denen zum Beispiel Angela Merkel im Fernsehduell gegen Gerhard Schröder zwar Kompetenz zeigte, aber eben die Zuschauer nicht begeistern konnte. Barack Obama begeistert.

**Kraftvolle Sprache ist kurz und bündig.**

*- William Strunk -*

### *Konkrete Worte*

Wer berühren will, wählt besondere Worte, benutzt besondere Sprache. Und zwar besonders einfache Sprache.

Unsere Sprache ist gewachsen über Jahrtausende. Aus einfachsten Lauten wurde sie immer genauer. Je neuartiger die Beschreibung, je moderner das Wort, desto größer ist die Tendenz, lange Worte zu entwickeln. Begriffe wie „Bewegungsrohdaten", „Bundestrojaner" oder „Ausdauerpräparat" sind keine 10 Jahre alt. Sie sind auch gute Beispiele, wie diese Worte in der Sprache stehen: wie emotionslose Außerirdische stehen sie am Rand.

Wenn lange, neue Worte in die Sprache voll integriert werden, werden sie fast immer kürzer. So wurde zum Beispiel aus dem Mobilfunktelefon das Handy, aus dem Automobil das Auto, aus dem Lichtspieltheater das Kino und aus dem Ferntonkino später das Fernsehgerät und heute das TV. Je vertrauter uns die Begriffe werden, je stärker sie in den Alltag Eingang finden, desto kürzer werden sie. Kurze Worte transportieren Gefühle.

Das gilt auch für den gegenteiligen Prozess: Je mehr wir uns distanzieren wollen, desto länger werden die Worte. So werden aus "mein Mann" oder „meine Frau" zuerst „Partner" dann „Lebensgefährte" und zuletzt „Lebensabschnittspartner". Ein Begriff, der für sich bereits so viel Spott abbekommen hat, dass er auch schon liebevoll verkürzt wird: die Lappis.

Die Werbebranche hat dies bereits vor Jahrzehnten erkannt. Sie entwickelt Produktnamen genau mit dem Ziel, diese von Anfang an emotional tief zu verankern. Kaum ein neuer Markenname hat drei Silben oder mehr.

Barack Obama ist sich dessen völlig bewusst. Seine Geschichte von Edith, die die Menschenmengen zu Begeisterungsstürmen hingerissen hat, zählt durchschnittlich weniger als 1,2 Silben je Wort. Das ist im Vergleich zu europäischen Politikerreden extrem klare Sprache: Merkels Neujahresansprache 2007 hatte durchschnittlich 2,0 Silben. Beides sind Reden, die keine komplexen Inhalte transportieren müssen.

**Obamas Tipp:**
Abstrakte Worte distanzieren. Sei nah beim Publikum.

Hier kann man dagegen halten, dass die englische Sprache kurzsilbiger ist, als die deutsche. Doch auch auf Deutsch kann man deutlicher und klarer reden. Die Bergpredigt gilt als einer der eindrucksvollsten Texte der Geschichte. Sie hat wesentlich mehr Botschaft als jede Neujahrsansprache, bewegte Millionen und kommt auf Deutsch mit 1,5 Silben pro Wort aus.

Die Wortkürze bei Barack Obama hat die Bezeichnung extrem durchaus verdient. Mit ihr erreicht er eine sehr direkte Ansprache. Wenig abstrakte Begriffe und sehr klare Worte. Worte, die bewegen.

*Konkrete Wirkungen*

Wenn Barack Obama von der Tatsache spricht, dass große Bevölkerungsteile keine adäquate Gesundheitsvorsorge haben, dann könnte er Statistiken wälzen. Er könnte Bushs Wirtschaftspolitik in Grund und Boden argumentieren. Er könnte die faktischen Beweise liefern. Er könnte sein Publikum verlieren.

Doch den Fehler macht er nicht. Was er macht, ist, die gleiche Botschaft mit Anekdoten, Metaphern und Analogien zu präsentieren:

---

This time we want to talk about the shuttered mills that once provided a decent life for men and women of every race, and the homes for sale that once belonged to Americans from every religion, every region, every walk of life.

---

*- A more perfect Union -*

Obama redet konkret von geschlossenen Fabriken und nicht allgemein von einer Wirtschaftsflaute, konkret von Eigenheimen, die zum Verkauf stehen und nicht allgemein von der Immobilienkrise. Er zählt auf, dass es jede Religion, jede Region, jeden Lebensabschnitt beträfe - statt allgemein festzustellen, dass ganz Amerika betroffen wäre.

---

This country is more decent than one where a woman in Ohio, on the brink of retirement, finds herself one illness away from disaster after a lifetime of hard work.
We're a better country than one where a man in Indiana has to pack up the equipment that he's worked on for 20 years and watch as it's shipped off to China, and then chokes up as he explains how he felt like a failure when he went home to tell his family the news.
We are more compassionate than a government that lets veterans sleep on our streets and families slide into poverty...

---

*- Acceptance Speech -*

Neben dem Nationalstolz - „We're a better country" in mehreren Varianten - sind auch hier die Beschreibungen konkret. Es sind Beschreibungen, wie sie dem Publikum bekannt sind. Beschreibungen mit denen er dem Publikum klar macht: „ich spreche über Euer Leben, über das, was Euch, Euren Nachbarn oder Euren Lieben passiert ist - oder passieren wird."

In den Aufzählungen verwendet er kein Prinzip der Kürze - im Gegenteil. Die Kürze kommt nur bei den Botschaften selbst. Die

Aufzählungen verleihen Gewicht und werden daher auch mit emotionalisierenden Worten gebracht: „one illness away from disaster", „chokes up ... felt like a failure", „sleep on our streets... slide into poverty".

**We are in the middle of the worst economic crisis since the Great Depression. I don't have to tell you all that. 760,000 workers have lost their jobs this year. Businesses and families can't get credit. Home values are falling. Pensions are disappearing.**

*- Closing Argument -*

Eine so große Zahl wie 760.000 verlorene Arbeitsplätze ist für das Publikum kaum vorstellbar. Mit bildhafter Sprache bringt Barack Obama diese unvorstellbare Zahl den Menschen näher. Mit ihr beschreibt er die Auswirkungen durch individuelle Beispiele. Auswirkungen, die die Zuhörer direkt oder indirekt erlebt haben. Auswirkungen, mit persönlichem Bezug: er spricht von fallenden Grundstückspreisen, von abgewerteten Pensionen, von verlorenem Vermögen.

### *Konkrete Aufzählungen*

Zu den klassischen Empfehlungen für Vortragende zählt der Grundsatz „hol die Menschen ab". Das ist eine gute Idee. Bei kleinen Veranstaltungen mit klar abgegrenztem Publikum ist das auch gut vorstellbar. Aber wie holt man Menschen ab, die in Massen kommen? Oder Menschen, deren Hintergrund einem nicht bekannt ist? Das ist Realität bei sämtlichen öffentlichen Vorträgen.

Barack Obama nutzt hier wieder ein Prinzip der klassischen Rhetorik. Er zählt auf.

**Because for 232 years, at each moment when that promise was in jeopardy, ordinary men and women - students and soldiers, farmers and teachers, nurses and janitors - found the courage to keep it alive.**

*- Acceptance Speech -*

Er hatte die Wahl: er hätte statt der Aufzählungen ja auch sagen können „immer wenn das Versprechen gefährdet war, gab es Menschen mit dem Mut, es am Leben zu erhalten." Gleiche Information - aber was wäre geschehen? Barack Obama will die Menschen im Raum motivieren - nicht ihnen die Idee vermitteln, irgendwer würde es schon richten. Er will Wähler zur Wahl mobilisieren, die bisher die Verantwortung nach Washington schoben. Er will klar machen, jeder im Raum trägt Verantwortung. Dafür zählt er jeden einzelnen auf. Immer und immer wieder.

Betrachten wir das Zitat etwas genauer: welche Berufe nennt er? Ausschließlich Berufe mit hohem Kontaktgrad, Personen aus dem Alltag. Er zählt keine Wissenschaftler, keine Unternehmensberater, keine Putzfrauen oder Ärzte auf. Stattdessen erwähnt er Menschen, zu denen jeder im Publikum einen Bezug hat: Studenten, Soldaten, Bauern, Lehrer, Krankenschwestern, Hausmeister.

---

... at this defining moment, all of us must summon the strength and grace to bridge our differences and unite in common effort - black, white, Latino, Asian, Native American; Democrat and Republican, young and old, rich and poor, gay and straight, disabled or not.

---

*- Closing Argument -*

---

... a country that has made it possible for one of his own members to run for the highest office in the land and build a coalition of white and black; Latino and Asian, rich and poor, young and old

---

*- A more perfect Union -*

---

There is something happening when people vote not just for the party they belong to but the hopes they hold in common - that whether we are rich or poor; black or white; Latino or Asian; whether we hail from Iowa or New Hampshire, Nevada or South Carolina,

---

*- Yes we can -*

Die Aufzählungen sind selektiv und zugleich umfassend, individuell und doch allgemein greifbar. Gleich, von wo die Zuhörer kommen und zu welcher Gruppe sie zählen, sie fühlen sich angesprochen.

### *Abstrakte Feindbilder*

Barack Obamas konkrete Sprache findet ein Ende, wenn es um Angriffe gegen Dritte geht. Von den offensichtlichen Gegnern - G. W. Bush und John McCain - abgesehen, verwendet Barack Obama nahezu ausschließlich abstrakte Feindbilder: Washington statt konkreter Senatoren, Branchen statt konkreter Firmen.

---

**For decades, Washington has failed the American people on energy, and that failure has led directly to our current crisis.**

---

*- Town Hall on Energy -*

Angriffe auf echte Personen wecken nahezu immer Widerstand. Durch derartige Angriffe können Loyalitäten geweckt und verstärkt werden. Gegenüber ganzen Systemen, Branchen oder Konzernen gibt es hingegen nur sehr selten solche Loyalitäten.

---

**I know how hard it will be to provide healthcare to every single American. Insurance Companies and Drug companies don't want to give up profits. I know it won't be easy to have an energy policy that makes sense for America because the Oil Companies like to write the energy bills.**

---

*- The Great Need of the Hour -*

Abstrakte Feindbilder - die „Anderen" - sind an und für sich ein Klassiker der politischen Rede. Wir finden sie in den Reden aller politischen Parteien. Sie glänzen meist durch klare Abgrenzungen zwischen den Zuhörern im Raum und dem Feindbild.

*Die konkrete Praxis*

Konkrete Sprache überzeugt. Daher ist in der Regel die wichtigste Frage: woher bekommt man die Information für die konkrete Ansprache? Bei Vorträgen vor bekanntem Publikum, z.B. bei einer firmeninternen Veranstaltung, ist das meist einfach.

In Verkaufsgesprächen kann man mit geschickten Fragen die nötige Information erhalten. Gute Verkäufer wissen beim Gesprächsende über den Kunden sehr viel. Autohändler wissen, wie viele Kinder der Kunde hat, was er von Beruf ist, wie viel er fährt, was ihn an einem Auto interessiert oder gar stolz macht und so weiter.

Je besser wir unseren Gesprächspartner verstehen, je konkreter wir auf ihn eingehen, desto erfolgreicher werden wir überzeugen. Das gilt für Verkäufer wie auch für Ärzte, die den Patienten von einer Behandlung überzeugen wollen, und auch für Manager, die so die Selbstmotivation der Mitarbeiter fördern.

Bei öffentlichen Vorträgen, z.B. auf Messen, ist das etwas herausfordernder. Bei 10 Zuhörern kann es noch einen Dialog geben, bei 30, 50, 80? Nun hatte Barack Obama mehrere zehntausend Zuhörer. Mit konkreten Worten und Beispielen, die vom Kleinen aufs Große verwiesen, hat er es geschafft. So kann das auch in unserer Praxis funktionieren.

**Bei einem Messevortrag.** „Viele Kunden verwenden das Hochdruckreinigungssystem. Von der Fleischerei bis zum Schlosser, vom Großbetrieb bis zum traditionellen Familienbetrieb finden Sie die Anlage im Betrieb. Auf diese Erfahrung können Sie zählen."

**Eröffnung einer Werbeveranstaltung.** „Großartig, dass Sie alle gekommen sind. Sehen Sie sich um, das ist tatsächlich für alle ein wichtiges Thema. Ob alt oder jung, Angestellter oder Selbständige, keiner kann es sich noch leisten..."

Lange Aufzählungen sind in der Praxis vermutlich die einfachste Methode, um Kontakt mit dem Publikum aufzunehmen.

## *Charismatische Wirkung von Geschichten*

Wie kann man seine Botschaft mit den einfachsten Worten transportieren, so dass sie von jedem verstanden werden, ohne zu trivialisieren? Hillary Clinton hatte nahezu dieselben Botschaften wie Barack Obama. Hillary Clinton hatte sehr ähnliche Vorschläge, wie eine neue Politik für die U.S.A. aussehen könnte. Sie hatte auch nachweislich die Erfahrung aus dem Senat und sogar aus dem Weißen Haus.

Doch was Hillary Clinton nicht gelang, war Begeisterung zu entfachen. Sie schaffte es nicht, ihre Botschaften so gut zu transportieren wie Barack Obama. Ihre Worte waren wesentlich komplexer. Damit kamen sogar sehr ähnliche Botschaften viel schlechter an.

Wie kein anderer in diesem Wahlkampf hat Barack Obama ein Werkzeug eingesetzt, um seine Botschaften auch mit den einfachsten Worten zu transportieren: er nutzte Geschichten. Lange Geschichten wie auch kurze Beschreibungen, mit denen er aktuelle Probleme und seine Ideen den Menschen nahe brachte.

**Obamas Tipp:** Emotion statt Information.

Seine Fähigkeit, Geschichten zu erzählen ist beeindruckend. Beeindruckend genug, um der Art und Weise seiner Erzählkunst ein eigenes Kapitel zu widmen. Werfen wir hier einen Blick auf die Inhalte seiner wichtigsten Geschichten.

Denn Barack Obama hat neben vielen Beschreibungen mit bildhaften Worten zwei konkrete Geschichten mehrmals in seinen Reden verwendet:

- I'm here because of Ashley-Geschichte
- Edith is Fired Up and Ready to Go-Geschichte

Beide haben zu viele Gemeinsamkeiten, um zufällig zu sein. Die erste Gemeinsamkeit ist - so paradox das klingen mag - ihr unterschiedlicher Inhalt: Ashley ist eine junge Weiße. Edith eine ungefähr 60 jährige Schwarze - wobei Ihre Hautfarbe in der Geschichte selbst nicht genannt wird. Ashley ist freiwillige Mitarbeiterin in Obamas Kampagne mit einer von Tragik und Opfern geprägten Kindheit. Ihre Mutter hatte Krebs und Ashley musste viele Opfer bringen. Edith dagegen ist Unternehmerin und Stadträtin. Edith ist dynamisch, energisch und sehr aktiv. Von Opfertum ist bei Edith wenig zu sehen.

Solche Geschichten werden erzählt, um ein Publikum zu berühren. Denn Geschichten wecken Emotionen. Bei großem Publikum müssen die Akteure der Geschichten unterschiedlich sein. So erreicht man die größte Identifikation im Publikum. Die einen haben viel mit Ashley, die anderen viel mit Edith gemeinsam - und alle fühlen sich angesprochen. Obamas Publikum waren 170 Millionen registrierte Wähler.

Eine echte Gemeinsamkeit beider Geschichten ist ihre Position in der Rede: beide finden sich am Ende. Ashley bildete unter anderem das Ende der „A more perfect Union“ Rede sowie der "Great Need of the Hour“ Rede, Edith war in sehr vielen Reden zu Hause, unter anderem in der „One Voice“ Rede in William County.

Beide Geschichten leiten direkt in die Schlussworte über: auf Ashley‘s Geschichte folgt die Feststellung, dass das Treffen der beiden Menschen nicht genug ist, aber der Start für etwas Besseres. Edith‘s Geschichte dagegen bringt die Botschaft, eine Stimme könne einen Raum verändern und damit eine Wahl und damit die Welt.

Beide Geschichten leiten in eine Gradatio über.

Beide Geschichten sind „wahr" oder zumindest nicht extrem kreativ verändert. Zu beiden Geschichten wurden die Akteure von mehreren Journalisten interviewt.

Auf einer globalen Ebene transportieren beide Geschichten die Thematik der jeweiligen Rede. Ashley war ein zentraler Punkt in Obamas „We the people“ Rede. In dieser Rede geht es um die Frage des Miteinanders der unterschiedlichen Kulturen. Genau das Problem und den Lösungsansatz - einander anzuerkennen - beschreibt die Geschichte.

Edith wurde oft erzählt, es ist eine motivierende Geschichte. Obama beschreibt Menschen, die müde sind, denen die Motivation fehlt - er bezieht sich selbst ein. Die Hauptakteurin feuert die Menschen an, motiviert, begeistert. Sie ruft „Fired Up“ und die Menschen antworten „Fired Up“. Am Ende der gesamten Rede ruft Obama dem Publikum zu: Fired Up? Und das Publikum antwortet.

In beiden Fällen transportiert die Geschichte auf einer anderen Ebene die Redeinhalte nochmals und bringt das gewünschte Ergebnis.

Ashley und Edith sind nicht irgendwelche Geschichten. In über 20 Monaten Wahlkampf kommt es zu vielen Begegnungen, vielen Geschichten. Der gekonnte Rhetoriker wählt jene, die seine Botschaft am besten unterstützen.

### *Ashley und der alte Mann*

Bei Ashley handelt es sich um eine sehr eindrucksvolle Erzählung. Nicht nur ist es eine Erzählung, die ein Aufeinandertreffen und Respektieren von Alt und Jung, Schwarz und Weiß beschreibt. Sie beschreibt auch den Kampf und die Opfer einer jungen weißen Frau für ihre Mutter.

---

... when she was nine years old, her mother got cancer. And because she had to miss days of work, she was let go and lost her health care. [...]
She knew that food was one of their most expensive costs, [...] so Ashley convinced her mother that what she really liked and really wanted to eat more than anything else was mustard and relish sandwiches.
[...] and in the roundtable she told everyone that the reason she joined our campaign was so that she could help the millions of other children in the country who want and need to help their parents too. [...]
So Ashley finishes her story and then goes around the room and asks everyone else why they're supporting the campaign. [...]

---

*- A more perfect Union - sowie - Great Need of the Hour -*

Der Kampf und die Opfer passen genau zu den zuvor gelieferten Botschaften der Rede. Sie beschreiben Herausforderungen des weißen und des lateinamerikanischen Mittelstands, die sich alles andere als privilegiert fühlen, die unter der Wirtschaftskrise leiden, die Opfer der Armutsfalle geworden sind. Diese Inhalte spricht Barack Obama in seiner Rede zuvor an, und mit der Geschichte lässt er das Publikum diese Botschaften noch anschaulicher nachempfinden.

In der Geschichte kommen Barack Obamas wichtigste Botschaften nochmals vor: Reform des Gesundheitssystems und des Bildungswesens, der Krieg im Irak und die Wirtschaftskrise. Mit einfachen kurzen Worten, denn Obama redet von normalen Menschen.

**Some talk about I'm upset about affirmative action. Some talk about I want to see more jobs in the community, some are frustrated about trade, some just like me. So they all got a bunch of different reasons.[...]**
**He [der alte schwarze Mann] does not say health care or the economy. He does not say education or the war. He does not say that he was there because he likes of Barack Obama or that he is proud of the first Afro- American president.**

*- A more perfect Union - sowie - Great Need of the Hour -*

Barack Obama erzählt hier von Menschen, die dem Publikum sehr ähnlich sind und er beschreibt Gründe, warum man ihn wählen sollte. Die meisten dieser Gründe hat er bereits vorher in seiner Rede angeführt, bis auf einen. Einen Grund kann Barack Obama selbst nicht nennen, denn es entspräche nicht seiner Positionierung. Er kann nicht sagen, „wählt mich, denn dann könnt ihr stolz sein auf den ersten afro-amerikanischen Präsidenten." Barack Obama wählt seine Worte einfach - niemals plump.

Das ist die wahre Macht einer Metapher: in ihr können wir mit viel einfacheren Worten eine viel klarere Botschaft transportieren. Wir können sogar andere Menschen unsere Botschaft sagen lassen. Dies löst nachweislich weniger Widerspruch aus als würden wir die Worte direkt aussprechen.

Ein Einspruch, mit dem Barack Obama zu kämpfen hatte ist einer, den Politiker, Manager und Verkäufer oft hören, wenn sie neue Vorschläge machen: so einfach geht das doch nicht. Einfache Botschaften kommen an - und lösen diesen Widerspruch aus.

**Obamas Tipp:**
Lass andere für Dich sprechen.

Was macht Barack Obama? Er löst den Einwand, seine Vorschläge wären nicht genug, in der Metapher auf.

He simply says to everyone in the room, „I am here because of Ashley."
I'm here because of Ashley. By itself, that single moment of recognition between that young white girl and that old black man is not enough. It is not enough to give health care to the sick, or jobs to the jobless, or education to our children.
But it is where we begin.

*- A more perfect Union - sowie - Great Need of the Hour -*

Das Ende der Metapher ist klar - und es ist wieder eine Wiederholung von zuvor Gesagtem: es ist nicht genug, aber es ist unser Neuanfang. Ein Neuanfang, den er in der Rede auch gleich aufleben lässt:

It is why the walls in that room began to crack and shake.
And if they can shake in that room, they can shake in Atlanta.
And if they can shake in Atlanta, they can shake in Georgia.
And if they can shake in Georgia, they can shake all across America.

*- A more perfect Union- sowie - Great Need of the Hour -*

### *Edith is Fired up and Ready to go*

Im Vergleich zu Ashleys Geschichte ist jene von Edith nahezu simpel. Sie war Bestandteil hunderter seiner Reden. In dieser Geschichte erzählt Barack Obama sehr anschaulich seine Reise und die Veranstaltung in Greenwood, South Carolina. Er kommt früh morgens an - alle sind müde, alle sind erschöpft. Er schildert eine kleine Frau, die mit ihrer energischen Art und Weise ihm die Show stiehlt. Sie ruft immerzu „Fired up? - Ready to go?" worauf hin alle Anwesenden erwidern „Fired Up! Ready to go!". Mit diesem immer und immer wiederkehrenden Ruf erweckt sie die gesamte Veranstaltung zum Leben und entfacht eine Begeisterung, die den ganzen Tag anhält.

In dieser Geschichte kommt Barack Obama zwar vor, er beschreibt sich selbst aber in einer Nebenrolle. Selbst in dieser kommt er nicht übermäßig gut weg.

> She's stealing my thunder
>
> *- Fired Up Speech -*

Doch Obama erzählt keine Geschichten ohne Ziel. Was er in seiner Erzählung transportiert, ist im Verhalten von Edith dargestellt: jeder Mensch kann verändern. Die abschließende Botschaft: Wenn eine Stimme einen Raum verändern kann, dann kann sie die Welt verändern. Wir sehen hier auch nochmal die Macht der Gradatio für die Rede. Die Botschaft für sich klingt naiv. In der Gradatio ist sie alles andere als naiv:

> One voice can change a room. And if one voice can change a room then it can change a city. And if it can change a city, it can change a state. And if it can change a state, it can change a nation. And if it can change a nation, it can change the world. Your voice can change the world.
>
> *- Greenwood Story -*

### *Metaphern, Parabeln & Co*

Über Jahrtausende haben Menschen einander Wissen über Geschichten vermittelt. Manche dieser Geschichten hielten sich, manche bewegten die Massen. Da fallen natürlich zuerst die großen Bücher der Religionen ein, sie alle sind voll von Geschichten. Doch auch aus anderen Bereichen gibt es viele Beispiele.

So ist jedes Werbeplakat eine Geschichte für sich. Mit sehr genau selektierten Botschaften in Bildern, deren kleinstes Accessoire zählt. Und so ist jede Tageszeitung voller Kurzgeschichten, die die Nachrichten spannend und unterhaltsam machen sollen.

Geschichten vermitteln Probleme, Lösungen, Konsequenzen. Ob das Grimms Märchen oder eine politische Analyse in einer Tageszeitung ist, beide arbeiten mit den gleichen Mustern:

| | Edith | Ashley |
|---|---|---|
| Wo ist das Problem? | Menschen sind müde, geschafft. Barack Obama beschreibt sich und die als Gäste in Greenwood als müde. | Menschen haben unterschiedliche Motive. Es herrscht kein gemeinsamer Nenner. |
| Wie sieht die Lösung aus? | Edith ruft „Fired Up?" und am Ende der Rede ruft Barack Obama „Fired Up" und das Publikum antwortet | Der alte Mann erkennt Ashleys Probleme an. |
| Was ist die Wirkung? | Dynamik für die letzten Tage des Wahlkampfs. Lösen der Probleme | Moment der Anerkennung Anerkennung als Startpunkt für die Lösung. |

Wenn das, was Du mir sagen willst, nicht unbedingt wahr, nicht gut und auch nicht nützlich ist, dann sage es mir lieber nicht.

*- Sokrates -*

### *Die Sokratischen Filter für die Praxis*

Wie also wähle ich eine Geschichte aus - und wie wähle ich die tragenden Punkte einer Geschichte? Jene Punkte, die die Zuschauer begeistern? Jene Details, die die Geschichte beleben - ohne zu verwirren?

Sokrates hat sich vor über 2.000 Jahren bereits mit dieser Frage auseinander gesetzt. Damals war die Bedeutung von Geschichten noch viel größer als heute. Um Geschichten mit Bedeutung zu erkennen und Gerüchten Einhalt zu gebieten, hat Sokrates drei Fragen angewandt.

Die so genannten Sokratischen Filter:

- Ist es relevant?
- Ist es wahr?
- Ist es gut?

**Prinzip der Relevanz.** Die erste Frage bei der Auswahl der Geschichte ist, ob sie für die Zuhörer relevant oder nützlich ist. Ist das Leben der Menschen im Raum oder die Praxis meiner Gesprächspartner betroffen von der Geschichte? Haben die Menschen bereits ähnliche Erfahrungen gemacht oder deckt sich die Geschichte mit deren Erwartungen? Bringt die Geschichte den Zuhörern die Botschaft näher? Hier suchen wir nach Parallelen zwischen der Geschichte und der Praxis der Menschen im Raum.

Das Prinzip der Relevanz enthält aber auch die Frage der möglichen Entgegnungen. Die persönliche Tragik eines Börsenhändlers an der Wall Street, verursacht durch die Wirtschaftskrise, mag durchaus relevante Parallelen für die Menschen im Raum haben. Auch der Börsenhändler mag sein Haus verlieren, vor dem finanziellen Ruin stehen. Dennoch ist die Entgegnung zu einfach: das Leben der wenigsten Menschen ist mit dem eines Börsenhändlers vergleichbar, im Gegenteil: viele der Zuhörer sehen in diesem Berufsstand eher Komplizen der Wirtschaftskrise und keine Opfer. Aus derartigen Geschichten können die Zuhörer nur schwer persönlichen Nutzen ziehen.

**Prinzip der Wahrheit.** Jede von Barack Obamas Geschichten wurde auf das Genaueste überprüft. Zuerst von seinen eigenen Mitarbeitern, dann von Journalisten und den Mitarbeitern der Gegenkandidaten. Sowohl Ashley als auch Edith wurden von Journalisten besucht, interviewt und immer wieder zu ihrer jeweiligen Geschichte befragt.

Geschichten, die dem Prinzip der Wahrheit widersprechen, beschädigen sofort die Glaubwürdigkeit des Kandidaten. Wer es nötig hat,

Unwahrheiten zu erzählen, dessen Programm kann folglich auch nicht wahr oder glaubhaft sein. Dabei ist es gleich, ob der Kandidat diese Geschichte überhaupt selbst erzählt hat. Das war am Beispiel von Mrs. Todd auch in diesem Wahlkampf wieder klar zu erkennen:

Am 22. Oktober behauptete die junge Frau, überfallen worden zu sein. Der Täter wurde beschrieben als „six-foot- four [ca. 193cm, Anm] African American of medium build, dressed in dark clothes wearing shiny shoes".

Im Laufe des Überfalls soll der Schwarze gesagt haben „you are going to be a Barack supporter" und ihr mit einem Messer ein „B" in die Wange geschnitten haben.

Die Geschichte erfuhr sofort internationale Aufmerksamkeit, war doch die Sorge der rassistischen Motivationen für oder gegen Barack Obama groß. Nach weniger als 24 Stunden wurde die Geschichte entlarvt: die junge Frau hatte den Zwischenfall frei erfunden, um John McCain zu helfen. Kommentar dazu von John Moody, vom konservativen Fernsehsender Fox News:

**If the incident turns out to be a hoax, Senator McCain's quest for the presidency is over, forever linked to race-baiting.**

*- John Moody -*

Die Geschichte wäre hoch relevant gewesen - und an der Reaktion der Medien ist das auch klar zu erkennen - doch ultimativ erwies sie sich als Bumerang gegen den republikanischen Kandidaten. Obwohl dieser sie weder lancierte noch förderte.

**Prinzip der Güte.** Zuletzt geht es um die Frage, welche Emotionen wir wecken wollen. Ging Sokrates noch davon aus, dass lediglich gute Dinge weiter erzählt werden sollen, ist die heutige Medienwelt etwas anders. Gute Geschichten - über die acht gesunden Welpen oder den hundertsten Geburtstag der Nachbarin - finden sich fast ausschließlich in Regionalblättern. Die haben dafür meist eine überraschend große Auflage.

Wie ging Barack Obama mit dem Prinzip der Güte um? Bei Edith und Ashley waren es umfangreiche Geschichten mit generell positiver Botschaft. Allerdings bei vielen kleinen Beschreibungen - von Lehrern, die über die Situation in den Schulen klagen bis zu den Veteranen, die im Stich gelassen wurden - ist die Botschaft überhaupt nicht positiv.

Daraus schließen wir: wenn man Schlechtes erzählen will, dann wird das Schlechte dramatisiert. Wenn man Gutes erzählen will, dann werden herausragend gute Beispiele gewählt.

### *Geschichten und Metaphern in der Praxis*

Geschichten zählen zu den mächtigsten Kommunikationsformen. Sie involvieren die Zuhörer und lassen die Informationen nicht nur hören, sondern vor dem inneren Auge miterleben.

Viele Alltagsgeschichten in Verkaufsgesprächen beginnen mit den einfachen Worten „Stellen Sie sich vor..." oder „Was einer unserer Kunden wünschte...". Wer das ausprobiert, stellt oft fest: sofort nach diesen Worten ist das Interesse der Gesprächspartner gestiegen.

Auch sind Kundengeschichten, Referenzberichte, ja sogar Testberichte in Magazinen nahezu immer in Form einer Geschichte geschrieben. Nehmen Sie das nächste Automagazin und lesen Sie den Testbericht als Beispiel.

Müssen wir jetzt alle zu Autoren von erfundenen Kurzgeschichten werden? Natürlich nicht. Im Gegenteil. Es ist weder einfach noch ungefährlich, Geschichten zu erfinden. Denn stellt sich eine Geschichte als falsch heraus, ist es um die Glaubwürdigkeit schnell geschehen. Und Glaubwürdigkeit ist genau das, was viele Geschichten vermitteln sollen.

Doch Quellen für Geschichten gibt es genug:

- Persönliche Erfahrungen - z.B. mit Kunden, Mitarbeitern, etc.
- Erzählungen von Kollegen, Kunden, Freunden
- Fortbildungen, Seminare
- Zeitungsberichte
- Nachrichten
- Dokumentationen

Die Liste lässt sich beliebig verlängern. Die Frage ist nicht, ob diese Geschichten existieren. Die Frage ist, ob man sie erkennt. Ob man mit der Frage „was könnten ich und andere aus der Situation lernen" seinen Alltag betrachtet.

Barack Obama hat seinen Alltag so betrachtet. So entstand aus einer merkwürdigen Situation die Fired-Up-Geschichte. So entstand aus einer simplen Vorstellungsrunde die Ashley-Metapher. Das waren für sich keine übermäßig herausragenden Momente. Durch einen etwas anderen Blick auf die Situation wurden sie zu herausragenden Geschichten.

## *Eine runde Sache*

Angenommen wir haben 30, 45, 60 oder mehr Minuten für einen Vortrag. Wie schaffen wir es, diesen zu einem geschlossenen Ganzen zu machen?

Auch hier können wir von Barack Obama viel lernen. Denn alle seine großen Reden haben eines gemeinsam: die ersten Worte schließen sich mit den letzten zu einem Ganzen. Obama spart hier nicht mit Pathos. Große Metaphern verbinden den Anfang und das Ende seiner großen Reden: Bibelstellen, historische Momente oder Zitate sind Material für seine Strategie.

**Obamas Tipp:**
Verbinde Anfang und Ende, um die Rede abzurunden.

Damit gibt er seinen Reden von Anfang an eine bedeutende Note. Dem Publikum wird nach den ersten Sätzen bereits klar: hier kommt etwas Großes. Zugleich kann er während der Rede immer wieder auf diese Grundmetapher zurückgreifen. Mit dieser Methode verkettet er die Rede in sich.

In der weiteren Folge betrachten wir drei seiner beeindruckendsten Metaphern:

### *Die Mauern von Jericho*

Möglicherweise das zentrale Ziel Obamas Kampagne war die Mobilisierung. Das trifft auf viele Wahlkämpfe zu: es geht kaum noch darum, die Anhänger des Gegners zum Wechsel zu motivieren. Es geht immer stärker darum, jene Wähler zu mobilisieren, die der eigenen Sache selbst nahe stehen.

Barack Obama ist Repräsentant mehrerer so genannter „minorities“: Minderheiten, die in den U.S.A. schon lange keine mehr sind. Damit war es natürlich ein Kernziel, jene Menschen zur Wahl zu bringen, die ihm nahe stehen. Das war deshalb so wichtig, weil Minderheiten in den U.S.A. sich seltener zur Wahl registrieren und somit dort großes Potenzial liegt.

Seine Metapher „Die Mauern von Jericho“ baut auf dem alttestamentarischen Text auf. Die Botschaft dahinter ist klar: mit Zusammenhalt sind auch jene Barrieren zu überwinden, die für einzelne unüberwindbar scheinen.

Einstieg

---

The Scripture tells us that when Joshua and the Israelites arrived at the gates of Jericho, they could not enter. The walls of the city were too steep for any one person to climb; too strong to be taken down with brute force. And so they sat for days, unable to pass on through.
But God had a plan for his people. He told them to stand together and march together around the city, and on the seventh day he told them that when they heard the sound of the ram's horn, they should speak with one voice. And at the chosen hour, when the horn sounded and a chorus of voices cried out together, the mighty walls of Jericho came tumbling down.

---

Ausschnitte aus der Rede

---

And if enough Americans were awakened to the injustice; if they joined together, [...] then perhaps that wall would come tumbling down, [...]
It [Change] happens because all of you decide that change must come. That I know. It wasn't just one voice. It wasn't just one voice that shouted out before the walls of Jericho. All the voices came together.

---

Schlussworte

---

So I ask you to walk with me, and march with me, and join your voice with mine, and together we will sing the song that tears down the walls that divide us, and lift up an America that is truly indivisible, with liberty, and justice, for all.

---

*- Greatest Hour -*

Mit dem alttestamentarischen Einstieg hat Barack Obama von Anfang an einen bedeutenden Rahmen gesetzt. So macht er klar: er wird sich nicht mit kleinen Höflichkeitsfloskeln abgeben, er hat Gewichtiges zu sagen. Auch während der Rede kommen mehrere Verweise auf die Grundmetapher. Sie schließt - ebenso wie in den nachfolgenden Beispielen - die Rede dann auch ab.

*Die Gründerväter*

Mit diesem Thema verweist Barack Obama immer wieder auf die gesellschaftlichen Herausforderungen der U.S.A. Dazu zählen die Handlungen und Erfolge der schwarzen Bürgerrechtsbewegung, die er mit vielen Beispielen belegt. Er stellt diese Herausforderungen in der Rede als Aufgabe dar, die von den Gründervätern dem amerikanischen Volk auferlegt worden sind. Auferlegt, um die „Erbsünde der Nation" zu bewältigen: die Sklaverei und später die bis heute andauernde Rassendiskriminierung.

Einstieg

---

Two hundred and twenty one years ago, in a hall that still stands across the street, a group of men gathered and, with these simple words, launched America's improbable experiment in democracy. Farmers and scholars; statesmen and patriots who had traveled across an ocean to escape tyranny and persecution finally made real their declaration of independence at a Philadelphia convention that lasted through the spring of 1787.

The document they produced was eventually signed but ultimately unfinished. It was stained by this nation's original sin of slavery, a question that divided the colonies and brought the convention to a stalemate until the founders chose to allow the slave trade to continue for at least twenty more years, and to leave any final resolution to future generations.

---

Ausschnitte aus der Rede

Not just with words, but with deeds - by investing in our schools and our communities; by enforcing our civil rights laws and ensuring fairness in our criminal justice system; by providing this generation with ladders of opportunity that were unavailable for previous generations
[...]
"This union may never be perfect, but generation after generation has shown that it can always be perfected.

Schlussworte

And as so many generations have come to realize over the course of the two- hundred and twenty one years since a band of patriots signed that document in Philadelphia, that is where the perfection begins.

*- A more perfect Union -*

Wie in den Mauern von Jericho auch hier ein großer Rahmen. Er stellt die Aufgaben seiner Bewegung als Erbe der Gründerväter dar. Ein Erbe, welches er anzutreten bereit ist.

### *Das Haus, auf Fels gebaut*

Mit welchen Metaphern eine Rede begonnen wird, hängt natürlich vom Forum ab. Anders als in Europa sind amerikanische Kirchen durchaus Orte, in denen politische Reden gehalten werden. Passend zu Ort und Anlass - es war Vatertag - suchte Barack Obama nach biblischen Themen um die Rolle des Vaters.

Als Thema wählte Barack Obama ein Gleichnis aus dem Matthäus-Evangelium. Er nutzte dieses Gleichnis wie die anderen hier beschriebenen Methoden: im Einstieg, als Verknüpfung der Inhalte zueinander und im Abschluss.

Einstieg

> At the end of the Sermon on the Mount, Jesus closes by saying, "Whoever hears these words of mine, and does them, shall be likened to a wise man who built his house upon a rock: and the rain descended, and the floods came, and the winds blew, and beat upon that house, and it fell not, for it was founded upon a rock."
> Here at Apostolic, you are blessed to worship in a house that has been founded on the rock of Jesus Christ, our Lord and Savior. But it is also built on another rock, another foundation – and that rock is Bishop Arthur Brazier.

Der Fels, auf dem Jesus seine Kirche baute, war Petrus. Der Fels auf den eine Kirchengemeinde baut, ist der Priester. Und Barack Obama? Er ist heute der Fels auf den seine Familie gebaut ist.

Ausschnitte aus der Rede

> Of all the rocks upon which we build our lives, we are reminded today that family is the most important.
> [...]
> If I could be anything in life, I would be a good father to my girls; that if I could give them anything, I would give them that rock – that foundation – on which to build their lives.

Schlussworte

> That is our ultimate responsibility as fathers and parents. We try. We hope. We do what we can to build our house upon the sturdiest rock. And when the winds come, and the rains fall, and they beat upon that house, we keep faith that our Father will be there to guide us, and watch over us, and protect us, and lead His children through the darkest of storms into light of a better day. That is my prayer for all of us on this Father's Day, and that is my hope for this country in the years ahead. May God Bless you and your children. Thank you.

Die zentrale Erweiterung in den letzten Worten. Wo zuvor der Fels der Kirche der Priester ist und jener der Familie der Vater, wer ist dort der Vater der Nation? Der Präsident. Und auf den müssen sich die Bürger verlassen können, wenn es stürmisch wird. Barack Obama ist der Fels seiner Familie, als Präsident der Fels der Nation.

### *Die Inclusio als Redestrategie*

Vorträge mit einer Aussage zu beginnen und mit den dazu gehörigen Schlussworten zu beenden ist eine rhetorische Methode. Sie nennt sich Inclusio. Mit ihr können wir einem guten Vortrag zu einem fulminanten Ende verhelfen. Denn die Schlussworte sind, was dem Publikum am deutlichsten im Ohr bleibt. Sie mit dem Anfang zu verbinden, verstärkt den Eindruck eines wohlgeformten, abgerundeten Arguments.

Nehmen wir an, ein Arzt hat einen Vortrag zum Thema Sicherheit unserer Kinder im Haushalt zu halten. Die besondere Botschaft ist die Warnung vor alltäglichen Dingen, die Kleinkinder bedrohen.

Einstieg

**Beispiel:** Haben Sie bereits beobachtet, wie Kinder die Welt entdecken? Doch so wie bei Pionieren die Entdeckungsreisen nicht ungefährlich waren, so können sie auch bei unseren Kleinsten bedrohlich sein.

In der Mitte können dann verschiedene Formulierungen die Metapher weiter tragen:

**Beispiel:** Heiße Quellen sind bei einer Wanderung etwas Nettes - für unsere kleinen Entdecker aber sehr gefährlich: wussten Sie, dass der Inhalt einer Teetasse reicht, um ein Drittel der Haut unserer kleinen Forscher zu verbrühen? Das bedeutet Lebensgefahr! Hier...

**Beispiel:** Die Entdeckungen unserer Kleinsten sind durch einige messerscharfe Riffe bedroht: herumliegende Scheren, Küchenmesser und...

Schlussworte

**Beispiel:** Meine Damen und Herren - Sie sehen, Verlängerungskabel, dampfende Teetassen, liegengelassene Scheren - alles Dinge, die uns kaum noch auffallen. Alles Dinge, die die Entdeckungsreisen unserer Kinder zu einem gefährlichen Unterfangen machen können. Sie wissen jetzt worauf es ankommt.

Worauf es zu achten gilt, ist die Methode bescheiden anzuwenden. Barack Obama verwendete bei Reden, die 2.500 Worte und mehr umfassten, neben dem Einstieg und Schluss oft nur zwei bis drei Verweise auf die Grundmetapher. Zu intensive Anwendung führt hier schnell zu übertriebenem Pathos.

---

Der Charakter offenbart sich nicht an großen Taten;
an Kleinigkeiten zeigt sich die Natur des Menschen.

---

*- Jean-Jacques Rousseau -*

## *Obama und die Antithese*

Das haben viele bereits erlebt: Sie machen einen Vorschlag und es gibt Widerspruch. Sie argumentieren Ihren Vorschlag und der Widerspruch wird massiver. Sie bringen sämtliche Logik, Statistiken und Beweise und der Widerspruch bleibt.

Barack Obama machte einige sehr konkrete Vorschläge. Von einer Steuerreform über Pläne zur Sanierung des Bildungswesens bis hin zur Gesundheitsreform. Mit vielen seiner Vorschläge hat er seine politischen Gegner vor sich hergetrieben. Ein Vorwurf, der McCain nach den Fernsehduellen gemacht wurde, war, dass er sich zu sehr mit dem Kritisieren Barack Obamas beschäftigte und zu wenig Zeit damit verbrachte, eigene Themen zu bringen.

Doch wer Vorschläge bringt, kann Kritik ernten. In einem Wahlkampf kann kein Vorschlag ausgefeilt genug sein, um über jede Kritik erhaben zu sein. Das Gleiche gilt für Botschaften - keine ist vor Widerspruch gefeit. Über die Ursprünge von Widersprüchen und Einwänden in Vorträgen sind ganze Bücher geschrieben worden. Eine einfache Grundregel: wer polarisiert erntet mehr Widerspruch, wer vereint hat in der Regel mit dieser Herausforderung weniger zu kämpfen.

**Obamas Tipp:**
Gib deinen Botschaften den richtigen Rahmen.

Doch reicht das Mäntelchen des konstruktiven Politikers, um Wahlen zu gewinnen?

Was macht Barack Obama, um seine Vorschläge ins richtige Licht zu rücken, um seine Botschaften richtig ankommen zu lassen?

## *Zustimmung oder Ablehnung*

Zustimmung oder Ablehnung zu einer Aussage hängt wenig von der Aussage selbst ab. Die Einstellung zum Sender, also zum Sprechenden, bestimmt, wie die Aussage ankommt.

Das kennen viele aus dem persönlichen Umfeld. Es gibt Menschen, die haben unser volles Vertrauen. Zwar wird nicht jedem Vorschlag blind gefolgt, die Vorschläge werden aber in einem positiven Licht betrachtet. Und dann gibt es Menschen, deren einfachste Aussagen bei uns Widerspruch auslösen. Simple Aussagen wie „strahlendes Wetter heute“ lösen dann Reaktionen aus wie „ja, aber nicht mehr lange" oder „viel zu warm“ und so weiter.

In der Politik gilt das gleiche Phänomen auf verstärkte Weise. Ein Beispiel dazu wurde bereits angesprochen: der Vorsitzende des Zentralrates der Juden in Deutschland konnte die Jenninger-Rede halten, ohne je in den Vorwurf der Verharmlosung der Nazi-Greueltaten zu kommen. Der Verfasser der Rede selbst musste genau wegen dieser Vorwürfe zurücktreten. (siehe Seite 36)

Ähnliches beobachten wir, wenn Wahlkampfslogans über die Parteigrenzen hinweg wenig kreativ adaptiert - um nicht zu sagen: kopiert – werden. Unabhängig vom Slogan, die Einstellung zum Absender bestimmt, wie der Slogan ankommt.

---

Sicherheit wählen heisst CVP wählen.
oder
SVP wählen heisst Sicherheit schaffen.

---

*- Schweizer Wahlkampf, 2002 -*

---

Kreisky. Wer sonst? (SPÖ)
oder
Wer, wenn nicht er (ÖVP)

---

*- Österreichische Wahlkämpfe, 1975 und 2002 -*

---

Yes, America can (Bush)
oder
Yes we can (Obama)

---

*- Amerikanische Wahlkämpfe, 2004 und 2008 -*

### *Wie beide Seiten beleuchtet werden*

Um Vorschläge von Anfang an in einem guten Licht erscheinen zu lassen, nutzt Barack Obama ein alt bekanntes rhetorisches Werkzeug: die Antithese.

Zu jeder Aussage kann ein Einwand formuliert werden, zu jeder These die passende Antithese. Verwendet man die Antithese als rhetorsche Methode, dann formuliert man selbst zur Aussage den passenden Widerspruch. Die Antithese bietet Kontrast und pointiert oft erst die ursprüngliche Aussage.

---

**That's one small step for a man, one giant leap for mankind**

---

*- Neil Armstrong -*

---

**Man muß die Menschen bei ihrer Geburt beweinen, nicht bei ihrem Tode.**

---

*- Charles Montesqieu -*

Die Antithese ist aber nicht nur Grundlage für mehr oder weniger witzige Aphorismen. Das Prinzip der Antithese hat in der Argumentation nämlich einen wichtigen Effekt: je klarer der Kontrast von Vorschlag und Gegenvorschlag, desto überzeugender ist das Argument. Wer in der Lage ist, These und Antithese klar darzustellen, der wirkt überzeugender als jemand, der lediglich eine Seite der Medaille preist. These und Antithese lassen Argumente vollständig wirken.

Denn zu jedem Argument gibt es nicht bloß ein Gegenargument. Generell gilt: je komplexer das Problem, desto mehr Gegenargumente sind möglich. Lediglich einfache Fragen eignen sich für einfache Antworten.

Deshalb bringt Barack Obama selbst die Gegenposition, den Widerspruch ins Spiel. So bestimmt er, welche Widersprüche im Raum stehen - und nicht der politische Gegner, Journalisten oder Kommentatoren.

Weder für die Wirtschaftskrise noch die Bildungsmisere und schon gar nicht für bankrotte Gesundheitssysteme gibt es Lösungen, die in allen Details in einer politischen Rede darstellbar sind. Das ist auch nicht Aufgabe einer Rede in einem Persönlichkeitswahlkampf.

Aufgabe ist es, klare Positionen zu vermitteln, Vertrauen zu schaffen und Wähler zu motivieren. Für all das nutzt Barack Obama die Antithese. Er bringt zu vielen seiner Aussagen die Antithesen, greift damit dem Publikum vor und setzt wieder einen Rahmen, in dem seine Vorschläge ankommen sollen.

Die Inhalte der Antithesen sind der Status Quo, also das Ergebnis von acht Jahren George W. Bush oder die Themen John McCains. Nicht selten finden wir hier aber auch simple Allgemeinplätze wie „Hoffnung statt Angst" oder „Einheit statt Teilung".

---

We are choosing hope over fear. We're choosing unity over division

---

*- Iowa Caucus Night -*

---

We can stop sending our children to schools with corridors of shame and start putting them on a pathway to success. [...]
We will never use 9/11 as a way to scare up votes, because it is not a tactic to win an election, it is a challenge that should unite America

---

*- Yes We Can -*

Antithesen sind Barack Obamas beliebtestes Werkzeug, um seine Vorschläge im besten Licht erscheinen zu lassen. So wählt er aus, womit seine Vorschläge verglichen werden. So werden seine Ideen klarer, greifbarer, attraktiver.

### *These, These, sei's gewesen - die Praxis braucht die Antithese*

Auch in der beruflichen Praxis finden wir viel Gelegenheit für die Antithese. Denn mit ihr können wir in einem Vortrag oder in einem Gespräch die Aufmerksamkeit des Publikums sehr gut steuern. Mit ihr stellen wir deutlich dar, in welchem Kontrast unsere Vorschläge gesehen werden sollten. Die Antithese zeigt die möglichen Konsequenzen auf.

Bei einem Vortrag zum Thema Finanzierung im Mittelstand als Einstieg

**Beispiel:** Sehr geehrte Damen und Herren, Sie haben sich sicher schon einmal gefragt: Selbst- oder Fremdfinanziert, Leasing oder Kredit? Diese Fragen sind ja nicht nur beim Autokauf relevant sondern haben auch deutliche Auswirkungen auf die Finanzierung Ihres Unternehmens.

Damit ist in wenigen Worten der Rahmen des gesamten Vortrags abgesteckt. Das Publikum weiß, was es erwartet. Jetzt können andere Muster darauf aufbauen. Ebenso lassen sich viele Anliegen mit der Antithese argumentieren. Dabei finden wir in der Praxis häufig klare Präferenzen für die eine oder andere Seite.

**Beispiel:** Verantwortungsvolles Qualitätsmanagement mit Hausverstand oder Reklamationen, die uns über den Kopf wachsen.

**Beispiel:** Interne Fortbildung mit Maß und Ziel oder permanent teuer Wissen zukaufen?

Das Spiel von These-Antithese lässt sich beliebig erweitern. Mit ihr werden Vorschläge vollständig präsentiert und für das Publikum besser dargestellt.

**Traut nicht dem Pferde, Trojaner!**
**Ich fürcht' die Danaer, auch wenn sie Geschenke bringen.**

*- Vergil -*

## *Respektvolle Aggression*

Ein Credo nicht nur im Verkauf: niemals die Konkurrenz schlecht machen, denn es färbt auf den Miesepeter selbst ab. Menschen, die über andere immer schlecht reden, haben sehr schnell selbst mit einem schlechten Ruf zu kämpfen.

Barack Obama hatte gleich zwei Wahlkämpfe: zuerst gegen Hillary Clinton um die Kandidatur und dann gegen John McCain um die Präsidentschaft selbst. Diese Wahlkämpfe wurden nicht mit Samthandschuhen ausgetragen.

Dennoch gilt: wer zu aggressiv vorgeht, verliert Zeit, um konstruktiv Vorschläge zu unterbreiten. Dieser Fehler unterlief John McCain in seinen Fernsehdebatten. Mit umfangreicher Kritik hat er sein Publikum wenig motiviert und Barack Obama in die Hände gespielt.

In den meisten Staaten Europas gibt es im Wahlkampf die Option der Opposition. Diese zeichnen sich meist durch deutlich aggressivere Botschaften aus. Denn wer auf weniger als 15-20% der Stimmen abzielt, kann am anderen Ende des politischen Spektrums ohne Bedenken die Wähler verärgern. Hauptsache, die eigene Klientel wird bedient. Wer auf den zweiten, dritten oder vierten Platz abzielt, kann so agieren.

Im Zwei-Parteien System der U.S.A. ist der zweite Platz nicht der zweite Sieger, sondern der einzige Verlierer. Daher muss jeder Kandidat den Mittelweg finden zwischen Aggressivität und konstruktiver Argumentation. Wie greift man nun seinen Gegner am besten an, ohne selbst in Mitleidenschaft gezogen zu werden?

*Samthandschuhe oder doch Kickboxen - die Concessio*

Barack Obama nutzte dafür die Methode der Concessio, der rhetorischen Variante des Trojanischen Pferdes. Der möglichst bald zurückgezogenen Zustimmung. Wenn es darum ging, seinen Konkurrenten anzugreifen, hat er zuvor diesen Konkurrenten gelobt:

---

The Republican nominee, John McCain, has worn the uniform of our country with bravery and distinction, and for that we owe him our gratitude and our respect!

---

*- Acceptance Speech -*

Respekt und Fairness sind in den U.S.A. Eigenschaften, die geschätzt werden. Jemanden, der Jahre in Kriegsgefangenschaft war und bleibende Schäden davon trägt, wie es bei McCain der Fall ist, greift man nicht unmittelbar an. Zu groß ist die Gefahr der Solidarisierung im Publikum. Dafür bleibt nach der Concessio genug Platz - bereits 15 Sekunden nach obigem Zitat führt Obama fort:

---

But the record's clear: John McCain has voted with George Bush 90 percent of the time.
Senator McCain likes to talk about judgment, but, really, what does it say about your judgment when you think George Bush has been right more than 90 percent of the time? [...]

Now, Senator McCain has served this country honorably. And he can point to a few moments over the past eight years where he has broken from George Bush - on torture, for example. He deserves credit for that. But when it comes to the economy - when it comes to the central issue of this election - the plain truth is that John McCain has stood with this President every step of the way. Voting for the Bush tax cuts for the wealthy that he once opposed. Voting for the Bush budgets that spent us into debt. Calling for less regulation twenty-one times just this year. Those are the facts.

*- Closing Argument -*

So stellt Barack Obama klar: John McCain verdient Respekt. Doch ein Präsident braucht mehr. Er ist Soldat, aber hat er den nötigen Weitblick? Er ist Kriegsheld, aber versteht er genug von der Wirtschaft? Mit der Concessio gibt Barack Obama seinem Konkurrenten was er verdient. Aber nicht mehr.

*Und die Praxis?*

In der beruflichen Praxis gilt dasselbe. Hier finden wir die Concessio in abgewandelter Form in den meisten Feedback- und Mitarbeitergesprächen. Sie tritt dann auf, wenn bisherige Leistungen gelobt und konkrete Veränderungen gefordert werden.

Dabei geht es natürlich weniger aggressiv zu als im Wahlkampf. Doch wer auf die Concessio verzichtet und sofort Kritik anbringt, verzichtet nicht selten auf den Erfolg.

**Obamas Tipp:**
Gib den anderen eine Chance. Aber nicht zu lange.

Im Verkauf über vergangene Entscheidungen des Kunden zu lästern, wird die Beziehung nicht fördern. Wer die bisherigen Entscheidungsgründe versteht und anerkennt, hat viel größere Chancen, künftige Entscheidungen mit zu gestalten.

**Beispiel:** Ein Immobilienmakler erfragt im Verkaufsgespräch, wo die Kunden bisher wohnten. Statt die dortige Gegend schlecht zu machen und somit die Kunden zur Verteidigung ihres Heims zu ermuntern, lobt er die Gegend - in Maßen. Sind die Kunden unzufrieden mit der aktuellen Wohngegend, werden sie das schon selbst äussern und der Makler sammelt wichtige Informationen über die Kunden. Sind sie zufrieden, haben sie endlich einen Makler gefunden, der sie versteht.

**Beispiel:** Im Mitarbeitergespräch lobt ein Vorgesetzter einen bisherigen Fortschritt im Projekt und nimmt so Stress aus der Situation. Er bittet dann seinen Mitarbeiter um Vorschläge, wie es noch besser gehen könnte und fragt so lange nach, bis es konkrete Pläne für das nächste Jahr gibt. Statt anzuweisen, nachzukontrollieren und letztlich im Detailmanagement unterzugehen, hat er nun Mitarbeiter, die wissen, was ihm wichtig ist und die sich selbst für neue Ziele verpflichtet haben.

## Kernpunkte

- Gemeinsamkeiten mit dem Publikum schaffen Nähe.
- Wortwiederholungen strukturieren, beschweren, gestalten.
- Die Brevitas bringt die Sache auf den Punkt.
- In Geschichten kommen andere zu Wort – und bestätigen uns.
- Die Antithese steckt Argumente ab, macht sie attraktiver.
- Mit der Concessio geben wir der Kritik den richtigen Rahmen.
- Konkrete Worte wecken Emotionen.
- Eröffnung und Schlußworte verbinden macht eine Rede rund.

Kapitel 5

# WORTE! OBAMAS KUNST-GRIFFE

## *Was Sie in diesem Kapitel erfahren*

- Die Macht der Worte.
- Wieso Wörter ihre Bedeutung verändern.
- Was hinter dem Begriff Framing steht.
- Wo wir Framing anwenden können.
- Wie Sie das Wertequadrat nutzen.

**Etwas, worüber man nicht redet, ist gar nicht geschehen.
Nur das Wort gibt den Dingen Realität.**

*- Oscar Wilde -*

Oft wenn Dinge wichtig, berührend, komplex werden, dann suchen wir nach den passenden Wörtern, um sie mitzuteilen. Je nach der Wahl der Worte, kommen beim Gegenüber manchmal ganz andere Botschaften an. Sowie wir verbal kommunizieren ist unsere Welt eine Konstruktion der Worte.

Es gibt auch Situationen, da fehlen uns die Worte. Dichter und Literaten verbrachten die letzten Jahrtausende damit, Worte rund um das Phänomen der Liebe zu finden. Sie sind, wie es scheint, mit dieser Aufgabe noch nicht fertig.

Und was ist, wenn die Worte fehlen? Was nicht beschrieben werden kann, kann nicht kommuniziert werden. Es kann nicht mitgeteilt werden. Was nicht mitgeteilt werden kann, kann nicht weiter erörtert werden. Es entzieht sich einer tieferen Diskussion. Das ist auch der Grund, weshalb viele Fachsprachen ihre eigenen Begriffe entwickelt haben.

Experten benötigen genauere Unterscheidungen. Ein Steuerberater benötigt mehr Informationen, um eine Bilanz zu erstellen, als die Aussage „Geld ist weg". Er muss „Aufwände" von „Ausgaben" unterscheiden. Und während bei Eheleuten die Ausrede „Kopfweh" so manche romantische Hoffnung vernichtet, reicht das bei Neurochirurgen nicht, um einen Operationstermin zu vereinbaren. Experten müssen sich in ihrem Fachgebiet genauer mitteilen.

Und: Was nicht kommuniziert wird, verschwindet früher oder später. Ideen, die nicht mitgeteilt werden, verkümmern. Andererseits, Ideen, die mit den falschen Worten gesagt werden, haben auch keine Lebenserwartung. Barack Obama wählt seine Worte mit Bedacht. Er weiß, er muss den richtigen Ton finden, damit seine Ideen leben. Damit sie weiter getragen werden. Damit sie - in Form von Wählerstimmen - genährt werden.

## *Wortgefechte*

Wörter sind keine sterilen Konstrukte. Weder die Barack Obamas noch jene irgendeines anderen Menschen. Wörter tragen viele Emotionen und Bedeutungen mit sich. Bedeutungen, die oft erst durch den Kontext klar werden.

Es gibt Worte, die sind für sich bereits zweideutig: August kann ein Vorname oder ein Monat sein. Eine Annahme kann eine tatsächliche Handlung (z.B. die Annahme eines Briefs) oder eine mentale Übung (z.B. die Annahme einer wissenschaftlichen Hypothese) sein. Aufgeben kann man Briefe, Schiffe oder Ziele. Hier kann ein Wort mehrere Dinge beschreiben, man spricht hier auch von Homonymen.

Das funktioniert natürlich auch in die andere Richtung: ein Ding kann mehrere Bezeichnungen tragen. Flitzer, Luxusschlitten, Edelkarosse oder Havarie sind nur ein paar Beschreibungen für ein Auto. Es ist klar, je nach Wahl der Bezeichnung verändert sich die gesamte Botschaft. Deswegen warnt der Journalisten-Lehrer Wolf Schneider auch vor der Verwendung von Synonymen - denn jedes meint zwar irgendwie das Gleiche, bringt aber eine andere Botschaft mit.

**Obamas Tipp:**
Worte wirken Wunder.

Barack Obama wählt seine Worte sehr bewusst, er verwendet keine sterilen Konstrukte. Mehr noch: Barack Obama setzt die Worte gezielt ein, um seine Ideen ins rechte Licht zu rücken.

### *Zusammenhänge verändern*

Haben Sie schon einmal folgende Beschwerde gehört: „Diese Aussage ist aus dem Zusammenhang gerissen!" Das ist meist der Fall, wenn Politiker zitiert werden und das Zitat für sich einen anderen Sinn ergibt als ursprünglich beabsichtigt. Bei seriösen Journalisten ist diese Vorgangsweise verpönt - doch im Wahlkampf sind nicht alle Mitspieler seriös. So finden sich auf YouTube & Co dutzende Filmchen, in denen der eine oder andere Kandidat durch unseriöse Darstellung schlecht wegkommt.

Jede Aussage steht in einem Kontext, einem Zusammenhang, in dem sie zu verstehen ist. Wer den Kontext verändern kann, der kann manche Argumente in sich zusammen fallen und andere entstehen lassen. Barack Obama ist diese Methode nicht fremd und er nutzt sie, um die eigenen Argumente zu stützen und den Gegner unglaubwürdig zu machen.

---

**Washington has been talking about our oil addiction for the last 30 years. And, by the way, John McCain has been there for 26 of them.**
**And in that time, he has said no to higher fuel-efficiency standards for cars, no to investments in renewable energy, no to renewable fuels. And today, we import triple the amount of oil than we had on the day that Senator McCain took office.**

---

*- Acceptance Speech -*

Die Abhängigkeit der U.S.A. von Erdöl ist eine ihrer großen strategischen Schwachstellen. Barack Obama nutzt das Thema, um die Glaubwürdigkeit des Gegenkandidaten massiv anzugreifen. Obamas größte Schwäche in diesem Wahlkampf war seine politische Unerfahrenheit, McCains große Stärke dagegen seine intime Kenntnis Washingtons und nachweisbare politische Erfahrung.

Doch im Kontext Energiewirtschaft verwandelt Obama diese Erfahrung in einen Nachteil. Schon die Wortwahl „addiction", irgendwo zwischen faktischer Abhängigkeit und tödlicher Sucht, schafft den passenden emotionalen Kontext. Washington ist abhängig vom Öl und McCain hat nichts dagegen getan. Er hatte 26 Jahre Zeit.

70 Wörter und Jahrzehnte an Erfahrung wandeln sich ins Gegenteil. Das ist die Macht des Framings.

### *Färbung*

Wörter sind für sich bereits keine sterilen, grauen Konstruktionen, das wurde bereits angemerkt. Über die ihnen innewohnende Emotion hinaus können Worte noch deutlich gefärbt werden. Wer sicher gehen will, dass die Worte richtig verstanden werden, der färbt ein.

Diese Einfärbungen sind zusätzliche Eigenschaften und Bilder, die die Aussage unmissverständlich machen. Sie haben meist hohe emotionale Wirkung und werden lange gemerkt.

We have an empathy deficit when we're still sending our children down corridors of shame - schools in the forgotten corners of America where the color of your skin still affects the content of your education.

*- The Great Need of the Hour -*

Die Färbung „Gänge der Schande" war bei Barack Obama eine Wortwahl, die in vielen seiner Reden Platz bekam. Sie beschreibt mit drei Worten mehr, als er in vielen Sätzen argumentieren hätte können. Das Bild ist unmissverständlich und vom politischen Gegner schwer zu entkräften.

Weitere beliebte Färbungen im Wahlkampf des Senators waren:

Give more and more to those with the most and hope that prosperity trickles down to everyone else.

*- Acceptance Speech -*

Der Wohlstand, der von oben nach unten „tröpfelt". Was immer klein genug sein kann, um zu tröpfeln, kann mit Wohlstand nichts zu tun haben.

Education is now the currency of the Information Age.[...]
... don't tell us that the only way to teach a child is to spend most of the year preparing him to fill in a few bubbles on a standardized test.

*- Our Kids, Our Future -*

Das große Prinzip Bildung als Währung des 21. Jahrhunderts im Gegensatz zu ein paar angekreuzten Fragen auf einem Standardtest.

Beispiele, wie mit wenigen Worten Themen besonders groß oder besonders klein gemacht werden können. Wie aus einfachen Korridoren Gänge der Schande werden. Diese Form der Färbung finden wir heute in nahezu jeder politischen Pressemitteilung.

### *Absicht*

Eine Argumentationsstrategie Barack Obamas wie auch seiner Gegner ist die Unterstellung einer konkreten Absicht. In Debatten und Diskussionen zählt sie zu den manipulativsten Methoden. Denn sie emotionalisiert und macht eine sachliche Auseinandersetzung schwierig.

Selten greift der Senator den politischen Gegner direkt an - die Gefahr einer Solidarisierung der Zuhörer mit dem „Opfer" wäre zu groß. Die Unterstellung einer speziellen Absicht sehen wir, wenn es um Angriffe gegen Branchen und Konzerne geht. Mit Konzernen solidarisiert sich kaum jemand.

---

I know how hard it will be to provide healthcare to every single American. Insurance Companies and Drug companies don't want to give up profits. I know it won't be easy to have an energy policy that makes sense for America because the Oil Companies like to write the energy bills.

---

*- The Great Need of the Hour -*

Die einzige Absicht der Pharmakonzerne ist es, Gewinne zu scheffeln. Ob dies nun stimmen mag oder nicht, werden wir hier nicht klären. Es ist auf jeden Fall eine extreme Vereinfachung, und eine, die die Vorurteile im Publikum durchaus befriedigt. Das macht es zu einer gewinnenden Aussage.

Ähnliche Methoden sehen wir in vielen anderen Wahlkämpfen, wenn zum Beispiel den regierenden Parteien vorgeworfen wird, sie hätten nur die Absicht „an der Macht zu bleiben" - just von jenen, die genau an diese Macht kommen wollen. Oder wenn der Opposition ein „beinharter Nein-Kurs" vorgeworfen wird - obwohl das Finden und Kritisieren von Schwachstellen grundsätzlich eine der Rollen der parlamentarischen Opposition ist.

Ob Obama oder seine europäischen Kollegen - deutlich zu erkennen ist: die Logik dieser Argumente ist weniger wichtig als die Frage, wie sehr sie zu den Einstellungen des Publikums passen.

## *Das Prinzip Framing*

Das zu Grunde liegende Prinzip ist jenes des Framings, des Rahmen-Setzens. Heute von verschiedenen Kommunikationsschulen für sich beansprucht, hat das Prinzip doch eine viel ältere Tradition: Arthur Schopenhauer war nicht nur als Literat, sondern auch als Diskussionsgegner bekannt. Er verfasste eine Anleitung, wie in Diskussionen die Gegner manipuliert werden können. Die Anleitung wurde mittlerweile erweitert und umfasst eine Reihe rhetorischer Kunstgriffe.

---

**Die Behauptung des Gegners über ihre natürliche Grenze hinausführen, sie möglichst allgemein deuten, in möglichst weitem Sinne nehmen und sie übertreiben; seine eigne dagegen in möglichst eingeschränktem Sinne, in möglichst enge Grenzen zusammenziehn: weil je allgemeiner eine Behauptung wird, desto mehreren Angriffen sie bloß steht.**

---

*- Arthur Schopenhauer -*

Schopenhauer empfiehlt, die Behauptung des Gegners zu erweitern, also ihr einen neuen Rahmen zu geben. In der Alltagssprache ist der Satz „wenn das alle täten“ wohl die weitest verbreitete Anwendung dieser Methode. Hier sind wir sehr dicht an der Grenze zur Manipulation, wenn wir sie nicht bereits hinter uns gelassen haben.

Framing an und für sich hat aber mit arglistiger Manipulation nichts zu tun. Es ist ein Werkzeug aus der Psychotherapie, mit dem Klienten neue Lösungen für alte Probleme angeboten werden. Hier geht es darum, ob das Glas halbvoll oder halbleer ist. Darum, ob die Beschwerde, der Tag hätte ja bereits mies angefangen, beantwortet wird mit den Worten „Pech gehabt“ oder „Freu Dich, dann kann es nur noch besser werden“. Aber es geht hier nicht bloß um Trivialitäten. Es geht um andere Sichtweisen auf unterschiedlich bedrohliche menschliche Herausforderungen.

**Obamas Tipp:**
Jede Botschaft hat mehr als eine Seite.

Auch Barack Obama geht es um eine andere Sichtweise auf Herausforderungen. Es geht darum, ob Schwarze, Weiße, Lateinamerikaner und Asiaten an einen gemeinsamen Kandidaten glauben können. Eine Lösung, die er sowohl in seiner Geschichte von Ashley (siehe Seite 112) als auch im Jericho Metapher (siehe Seite 121) als Rahmen anbietet.

Es geht darum, ob seine Positionen glaubwürdiger sind als jene von John McCain. Es geht darum, seine Ideen so zu präsentieren, dass sie vom Publikum genommen und weiter getragen werden können.

## *Framing in der Praxis*

### *Verhandlungen als „Krieg der Frames"*

Das Prinzip des Rahmen-Setzens (Framing) finden wir in vielen Alltagssituationen. Vom Schlagfertigkeitstraining bis hin zur Abwehr verbaler Angriffe verhilft Framing zum Erfolg. Ein Spezialbereich sind Verhandlungen.

Bei Verhandlungen, die über das Triviale hinausgehen, ist der Schritt, die Welt ähnlich zu sehen, vielleicht der wichtigste. Wenn also nicht bloß ein Kaufpreis für einen Gebrauchtwagen auszumachen ist, sondern das zukünftige Miteinander einer geschiedenen Familie - von Besuchszeiten bis hin zu Fragen der geteilten aber nicht getrennten Kindererziehung, dann wird Framing zu einem zentralen Werkzeug.

Bei Verhandlungen von Kooperationen ist zu klären, welchen Wert z.B. eingebrachtes Know How hat, wie gemeinsame Patente oder Kunden behandelt werden - und letztendlich, wie eine Auflösung der Kooperation ablaufen soll.

All dies sind Beispiele, in denen die glaubwürdigsten Frames die besten Chancen haben. Beispiele, in denen glaubwürdige Rhetorik die Frames unterstützt. All dies sind Situationen, die von Barack Obamas Methoden bereichert werden.

### *Euphemismus und seine Gefahren*

Wenn Worte keine sterilen Konstruktionen sind, wie gehen wir dann mit negativ besetzten Worten um? Mit Worten, die für sich kaum noch etwas Positives haben können und dennoch verwendet werden müssen? Wie zum Beispiel die Worte Vertreibung, Übergewicht, Mülldeponie, und so weiter.

Ein Wort zu einer Methode, die Barack Obama selten angewandt hat - die aber immer noch große Beliebtheit genießt: die Methode des Euphemismus', auch Political Correctness genannt. Statt des negativ besetzten Wortes verwendet man eine neutrale oder gar positive Entsprechung.

| **Negativwort** | - | **Euphemismus** |
|---|---|---|
| Behinderter | - | Mensch mit besonderen Begabungen |
| Vertreibung | - | Umsiedlung |
| Abschiebung | - | aufenthaltsbeendende Maßnahme (dt. Grundgesetz, Art. 16a) |
| Kündigung | - | Freisetzung |
| Rationalisierung | - | Entlassungsproduktivität |
| Rasch (erledigen) | - | zeitnah (erledigen) |
| Problem | - | Herausforderung |

Diese Strategie ist bedingt machbar. Sie fruchtet dann am besten, wenn der Euphemismus für sich eine gute Bedeutung hat. „Mensch mit besonderen Begabungen" ist zwar viel komplexer, erlaubt natürlich eine positivere Interpretation als das Wort „Behinderter". Aber bei „Entlassungsproduktivität" ist die Rückfrage, was hier denn gemeint sei, bereits nahezu garantiert. Hier greift der Euphemismus ins Leere und wird zu purem Zynismus.

Diese Euphemismen-Strategie hat einige Nachteile. Zum Ersten bringt sie eine Tabuisierung von Begriffen, das bereichert Sprache nicht. Wenn wir uns der Worte berauben, machen wir unsere Gespräche nicht besser.

Zum Zweiten erwecken Euphemisten oft den Eindruck, Angst vor bestimmten Themen zu haben. Ein Thema nicht ansprechen zu können, um den heissen Brei herum zu reden, senkt die Glaubwürdigkeit.

Doch der größte Nachteil ist die so genannte Euphemismus-Tretmühle. Worte sind für den Menschen mehr als bloß eine Ansammlung von Buchstaben oder Tönen. Lediglich die Buchstaben oder Töne auszutauschen bringt wenig. Wer das Wort „Problem“ vermeiden will und mit „Herausforderung“ oder, noch trendiger, „Potenzial“ ersetzt, wird Opfer der Euphemismus-Tretmühle: die neuen Worte übernehmen die negativen Eigenschaften der alten.

Wohlgemerkt, nur die negativen. Während also im Ursprung des Wortes „Problem“ auch immer das Vorhandensein der Lösung enthalten war, ist im Begriff der „Herausforderung“ von der Lösung nichts mehr vorhanden. Im darauf folgenden Ersatzwort „Potential“ ist bald überhaupt nur mehr der Vorwurf der ungelösten Herausforderungen vorhanden.

**Obamas Tipp:**
Nicht schön sprechen.
Aussprechen.

Wer die Euphemismus-Tretmühle antritt, endet also mit einem noch schlechter besetzten Wortschatz als zuvor. Barack Obama hat ein ganz anderes Prinzip: er verwendet wenige Euphemismen, sondern sucht bewusst nach den positiven Auswirkungen seiner Vorschläge.

**And for every $1 we invest in these [education, anm] programs, we get $10 back in reduced welfare rolls, fewer health care costs, and less crime.**

*- Our Kids, Our Future -*

Bessere Bildung verursacht weniger Aufwand für die Gemeinschaft und weniger Verbrechen. Das ist gut und wird betont. Bessere Bildung bringt auch höhere Steuern - aber über höhere Steuereinahmen zu sprechen ist im Wahlkampf selten hilfreich und in den U.S.A. ein Tabu der besonderen Sorte.

### *Das Wertquadrat als Framingmodell*

Es gibt verschiedene Framingmodelle in der Praxis. Als eines der besten für Diskussionen, in denen wenig Zeit für umfangreiche Vorbereitung bleibt, hat sich das Wertequadrat bewährt. Entwickelt wurde es vom deutschen Psychologen Schulz von Thun. Es ist ein hervorragendes Instrument im Coaching und der Therapie.

Wer unter Zeitdruck zu argumentieren hat, der wird mit der freien Assoziation oft wenig anfangen. Während in der Besprechung die Geschütze feuern oder im mit Alkohol getränkten Wirtshausdunst die Killerphrasen fliegen, ist die Kreativität, bessere Antworten zu entwickeln, limitiert. Hier gibt das Wertequadrat die benötigte Struktur, um Worte zu finden. Worte, die für oder gegen eine Sache sind.

Wenden wir das Wertequadrat in der Rhetorik an, so suchen wir Nähe und Distanz von Wörtern zueinander. So wie Wörter Emotionen besitzen, verfügen sie über nahe Verwandte und typische Feinde. Nahe Verwandte teilen einige der Emotionen miteinander - typische Feinde haben mit ihnen nichts gemeinsam.

Nehmen wir die Worte „freudig“ und „frivol“. Sie stehen in einer relativ engen Beziehung zueinander, in dem Sinn, dass „frivol“ eine der möglichen Steigerungsformen von „freudig“ ist. Eine klare Distanz dazu haben zum Beispiel die beiden Worte „ernst“ und „mürrisch“. „Freudig“ und „Ernst“ sind Gegensätze - „Freudig“ und „Mürrisch“ dagegen sind bereits weit mehr. Sie können vereinfacht als Feinde bezeichnet werden.

Unser Hirn arbeitet unbewusst mit solchen Bildern, auch Assoziationen und Dissoziationen genannt. Es findet permanent passende Themen und grenzt diese von anderen ab. Das Wertequadrat gibt uns nun ein Werkzeug, um dies bewusst durchzuführen.

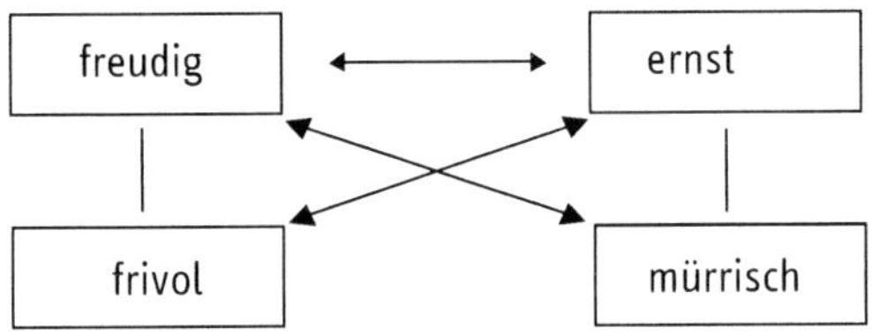


Wir unterscheiden dafür Sachworte und deren Steigerungen bzw. Übertreibungen. „Ernst" ist die relativ sachliche Beschreibung einer Eigenschaft, „mürrisch" dagegen dessen Übertreibung. Dazu gibt es dann entsprechende Gegenstücke – als Sachwort möglicherweise „freudig" und „frivol" als dessen Übertreibung.

Das Wertequadrat - ein einfaches Werkzeug, um in Diskussionen kompetent zu argumentieren, um zu Emotionalisieren wo hilfreich und zu „Versachlichen" wo nötig. Ein Modell, welches in den Grundprinzipien auch Barack Obama bekannt ist, wie die Zitate belegen.

---

**McCain said we could just muddle through in Afghanistan, I argued for more resources and more troops to finish the fight against the terrorists.**

---

*- Acceptance Speech -*

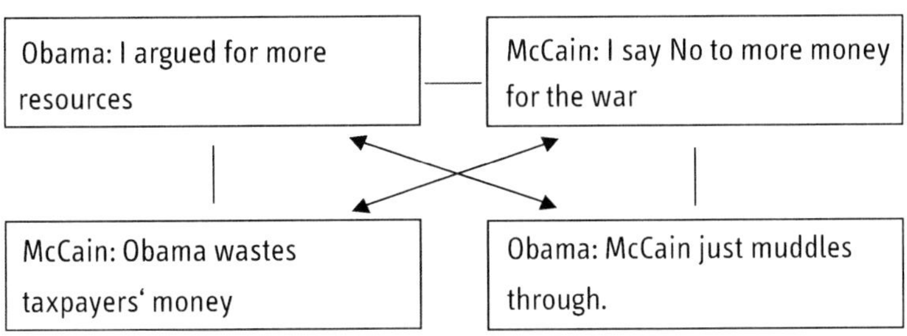

Folgen wir Barack Obamas Worten, so wurstelt sich McCain irgendwie durch, während er selbst seriös argumentiert. McCain dagegen sieht sich als kostenbewusster Politiker, während Obama Steuergelder verschleudert. Vor Obamas Steuerplänen warnt McCain eindringlich:

---

**Barack Obama's tax plan would convert the IRS [Finanzamt, Anm.] into a giant welfare agency**

---

*- John McCain -*

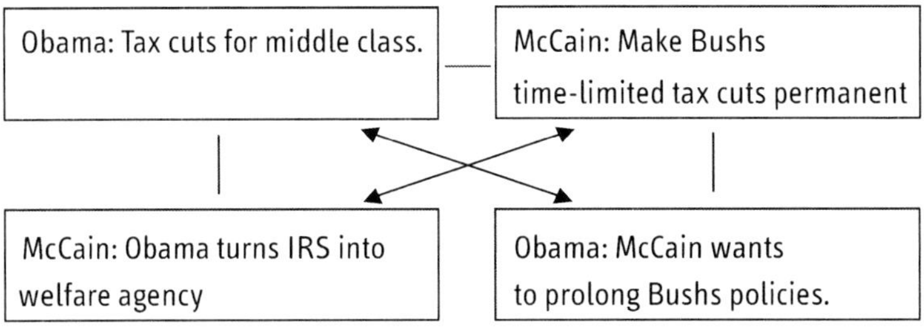


Wir finden hier dasselbe Muster: McCain möchte die zeitlich limitierten Steuerreformen von George W. Bush in permanente Steuererleichterungen wandeln; sie laufen sonst 2010 aus. Obama dagegen, so McCain, möchte die Finanzbehörden in ein Sozialamt verwandeln.

Jeder versucht sich als rational und sachlich darzustellen, während der andere ein zutiefst unvernünftiger und unzuverlässiger Mensch ist. Das Wertequadrat ist nun für uns ein Werkzeug, um Einwänden zu begegnen und zu versachlichen:

**Beispiel:** Kundenaussage: dieser Wagen ist aber ein ganz schöner Schluckspecht. Sachliche Antwort: Diese Hubraumklasse ist etwas intensiver im Verbrauch.

In der „normalen" beruflichen Praxis reicht meist die Suche nach den nahen Verwandten, um auf eine Sachebene zu kommen. Anders ist das in der Politik, wo der sachlichen Position der eigenen Seite eine unverantwortliche der anderen gegenüber gestellt wird.

**Beispiel:** Journalistenfrage an Politiker: Wie sehr ist das, was Sie hier machen blanker Aktionismus?

Gesamtes Wertequadrat: Stimmt, viele stört, dass wir als einzige Handlungen setzen, um auf das Problem aufmerksam zu machen. Lieber wäre es den anderen, wir würden die Klappe halten und als stille Parteigänger die hinteren Bänke besetzen. Nur so läuft das nicht.

„Blanker Aktionismus" wird zu „Handlungen setzen" im Gegensatz zu „Klappe halten" und „Parteigänger sein".

## *Kernpunkte*

- Wörter sind keine sterilen Konstruktionen. Wörter tragen Emotionen.
- In Debatten können Sie Bedeutungen ändern, indem Sie den Kontext ändern, die Worte neu einfärben oder die Absicht hinter den Wörtern enthüllen.
- Wer Worter wählt, wählt bewusst die Qualität der Situation.
- Mit dem Wertequadrat können Sie Situationen steuern.

Kapitel 6

# GESCHICHTEN ERZÄHLEN WIE OBAMA

## *Was Sie in diesem Kapitel erfahren*

- Wie Barack Obama mit Details seine Geschichten belebt.
- Wieso eine gute Geschichte immer einer Zeitachse folgt.
- Wie der Leitcharakter einer Geschichte entwickelt wird.
- Wie diese Charaktere dann Ihre Botschaft fördern.
- Wer ein gutes Opfer für humoristische Angriffe ist.
- Wie Barack Obama seine Geschichten darstellt.

Neben Ashley und Edith hat Barack Obama viele Geschichten und Anekdoten gebracht. Sie würzten und variierten seine Reden. Während des Wahlkampfs hat Barack Obama geschätzte 2.000 Reden gehalten, Fernsehauftritte nicht mitgezählt. Viele dieser Reden waren einander sehr ähnlich.

Die Werkzeuge, mit denen Barack Obama die Reden gestaltete, sie unterschiedlich und individuell machte, waren Geschichten. Wir haben gesehen, welche Ähnlichkeiten zwischen seinen beiden großen Geschichten bestehen. Doch auch in seinen Anekdoten finden wir eine klare Methode.

... there's this small woman, about 60 years old, little over 5 feet. Looks like she just came from church... she's got a big church hat.

*- Greenwood-Story -*

## *Belebe die Geschichten mit Details*

Geschichten leben von ihren Charakteren und deren Umgebung. Wie können wir Geschichten ansprechend gestalten? Womit hauchen wir ihnen Leben ein?

Damit die Charaktere eine ansprechende Tiefe bekommen, benötigen sie mehr als bloß die gesprochenen Worte, mehr als bloß die Handlung. Sie benötigen Details, die sie zum Leben erwecken, eine Umgebung, in der sie handeln und einen Ablauf, in dem sie selbst tätig sind.

Obamas Charaktere bestehen aus vielen Details. Dazu gehören Aussehen, Alter, Ideale. Buchautoren haben viele Seiten Raum, um die Charaktere zu entwickeln. Barack Obama hat wenige Sekunden.

There is a young, twenty-three years old. A White woman named Ashley Baia who organizes for our campaign in Florence, South Carolina. Ashley's been working to organize a mostly African-American community since the beginning of this campaign, and the other day she set up a roundtable discussion where everyone went around telling their story and why they were there.
[...]
And Ashley explained she started things of by explaining why she was there. That when she was nine years old, her mother got cancer. And because she had to miss days of work, she was let go and lost her health care. They had to file for bankruptcy, they were on hard times and that's when Ashley decided that she had to do something to help her mom.

*- The Great Need of the Hour -*

Viele Inhalte, die mit der Aussage der Geschichte nichts zu tun haben. Man könnte meinen, das irritiert und lenkt ab. Doch diese Details bringen Leben in die Geschichte. Sie erlauben dem Publikum mit der Akteurin mitzufühlen. Wie wäre die Kurzversion der Geschichte gewesen, jene Version, die durchschnittliche Vortragende erzählen:

**Beispiel:** Da war dann auch Ashley, eine unserer Mitarbeiterinnen. Sie traf einen Schwarzen, der meinte er sei nur wegen ihr da.

Die gesamte Geschichte in wenigen Worten. Wenige Worte, die das Publikum völlig verwirrt hätten: was will der Mann von Ashley? Warum erzählt er das? Was hat das jetzt mit der Gesundheitsreform zu tun?

So wie Botschaften benötigen auch Geschichten einen Rahmen, in dem sie stattfinden. Die Details aus Ashleys Geschichte bilden den Rahmen, der die Aufmerksamkeit des Publikums leitet.

---

**Just two weeks ago, I heard a young woman in Cedar Rapids who told me she only gets three hours of sleep because she works the night shift after a full day of college and still can't afford health care for a sister with cerebral palsy. She spoke not with self-pity but with determination, and wonders why the government isn't doing more .**

---

*- Our Moment is Now -*

Die Charaktere sind nicht bloß Gestalten in Obamas Geschichten. Sie bringen viele „Nebengeräusche" ein, die die Geschichte glaubhaft und real machen: Alter, Körpergröße, persönlicher, beruflicher und familiärer Hintergrund. So wird für das Publikum der Akteur der Geschichte zu einer Person, mit dem es sich identifizieren kann. So lebt das Publikum mit.

In der Edith-Geschichte hat Barack Obama selbst eine Rolle. Bei der Anreise schildert er aber nicht „wir kamen an und am nächsten

Tag..." sondern er schildert einzelne Schritte - nicht ohne sich mehr als einen Lacher im Publikum abzuholen.

---

We fly in about midnight. We get to the hotel about 1 o'clock. I'm exhausted. I drop my bags in my room, and get a tap on my shoulder. I look back, it's one of my staff people. He says, ‚Senator, we need to be out of the hotel by 6 am.' And I say, ‚How come?' ‚Because we've got to go to Greenwood like you promised.'
So the next morning, I wake up, and I feel terrible. I think I've come down with a cold, my back is sore... I feel worse than when I went to bed. I open up the curtain to the hotel room, to get some sunlight to wake me up, but it's pouring down rain [crowd laughs]. I go outside my room, get the New York Times... there's a bad story about me inside [crowd laughs]. I go outside downstairs after I pack, and my umbrella blows open. I'm soaked. And by the time I'm in the car, I'm mad, I'm wet, and I'm sleepy. So we drive. We drive and we drive...

---

Statt simpel und knapp „Am nächsten Morgen fuhren wir los" zu sagen, nimmt Barack Obama die Zuhörer mit auf eine Reise durch die Bilder des Morgens. Zuerst Beispiele warum der Tag als Herausforderung begann: Müdigkeit, Rückenschmerzen, schlechtes Wetter statt Sonnenschein, schlechte Presse, defekter Regenschirm. Dann noch einmal die Zusammenfassung. Er zeigt sich nicht gerade von der Gewinnerseite, doch gerade mit den unglücklichen Umständen des Alltags erntet er die Empathie und Zustimmung des Publikums. Jeder kennt solche Tage und sie zeigen wie sehr Barack Obama, Top-Jurist und Harvard Absolvent, sich als normaler Typ positioniert.

## *Eines nach dem Anderen*

Bei Barack Obamas längeren Geschichten gibt es immer einen längeren Aufbau bis zur eigentlichen Botschaft. Im obigen Beispiel Edith beschreibt der Senator erst sehr umfangreich die Schritte, wie es zu der Veranstaltung überhaupt gekommen ist, wie die Anreise verläuft, welchen Eindruck die Ankunft machte. Die einzelnen Schritte reichen bis zum Wetter und dem defekten Regenschirm. Damit stellt er sicher, dass das Publikum an seinen Lippen hängt, gebannt auf den nächsten Schritt wartet.

Ebenso bei Ashley: die Geschichte hat einen klaren Anfang viele Jahre in der Vergangenheit und ein klares Ende nahe der Gegenwart. Dazwischen gibt es kleine Schritte, die die Geschichte am Leben erhalten und Emotionen wecken.

Ob die großen Geschichten von Ashley und Edith oder die kleinen kurzen Erzählungen: alle Elemente sind zeitlich klar gegliedert. Niemals springt Barack Obama zurück in die Vergangenheit der Geschichte und unterbricht so den logischen Redefluss.

**Obamas Tipp:**
First things first.

Denn derartiges Springen auf der Zeitachse einer Geschichte ist gefährlich. Bei großem Publikum gibt es immer einige, die gerade nicht zuhören, die eine Notiz machen, nach dem Getränk greifen, die schlicht kurz abgelenkt sind. Würde Obama keinen klaren Redefluss einhalten, müssten diese dann den Nachbarn fragen, was sie verpassten. Das Ergebnis wäre noch mehr Unruhe, mehr Verwirrung, weniger Begeisterung.

Ein einfaches Prinzip der Sprache: was zuerst geschehen ist, wird zuerst gesagt. Hier wird dann auch das Prinzip der Kürze zu einem klaren Vorteil. Denn umfangreiche Nebensatzkonstruktionen laden geradezu ein, die Zeitachse in kleinste Bruchstücke zu zerteilen.

Klare Sätze und eine klare Reihenfolge. Das gibt Orientierung. Das vertieft die Wirkung.

## *Andere transportieren die Botschaft*

Politiker sehen sich gerne im Rampenlicht. Im Wettbewerb um Aufmerksamkeit lernen sie rasch, wie sie gleichermaßen gegen Kollegen und Gegner wertvolle Sendezeit, Zeitungsüberschriften & Co gewinnen.

Gerade Barack Obama ist es gelungen, die Medien zu dominieren. Um so bemerkenswerter ist seine Rolle in seinen Geschichten. Während John McCain sich selbst meist eine bedeutende Rolle gab - seine Erzählungen erinnerten immer an die Tatsache, dass John McCain hochdekorierter Kriegsheld ist - ist Obama in seinen Geschichten häufig in der zweiten Reihe.

Teilweise - wie bei Ashley - kommt er überhaupt nicht vor. Setzt er sich mit in Szene, dann beschreibt er sich durchaus auch als von der Situation überrascht, ja nahezu unbeholfen.

Atypisch für den Bewerber um den Präsidentschaftsposten. Typisch für seine Geschichten. Typisch für gute Geschichten.

Barack Obama gibt anderen die dominante Rolle. Dieser Rückzug in die zweite Reihe ist aber nur Schein. Denn die beschriebenen Personen sind immer Sprachrohr für seine Botschaften. Sie lässt er mit einfachsten Worten seine Botschaften wiederholen. Ein Beispiel - Ashley - haben wir bereits betrachtet. Das ist kein Einzelfall. Das hat Methode.

I was answering questions at a town hall meeting in Wisconsin the other day and a young man raised his hand, and I figured he'd ask about college tuition or energy or maybe the war in Iraq. But instead he looked at me very seriously and he asked, "What does life mean to you?"

[...]

Now, I have to admit that I wasn't quite prepared for that one. I think I stammered for a little bit, but then I stopped and gave it some thought, and I said this:

[...]

When I was a young man, I thought life was all about me – how do I make my way in the world, and how do I become successful and how do I get the things that I want.

[...]

But now, my life revolves around my two little girls. And what I think about is what kind of world I'm leaving them. Are they living in a county where there's a huge gap between a few who are wealthy and a whole bunch of people who are struggling every day? Are they living in a county that is still divided by race? A country where, because they're girls, they don't have as much opportunity as boys do? Are they living in a country where we are hated around the world because we don't cooperate effectively with other nations? Are they living a world that is in grave danger because of what we've done to its climate?

*- Father's Day Speech -*

Zuerst eine Aufzählung seiner Themen - Bildung, Energie, Krieg. Dann eine der genialsten Anwendungen der Rhetorischen Frage als Methode. Für gewöhnlich verwenden Vortragende die Rhetorische Frage, um beim Publikum einen Denkprozess auszulösen. Die Gefahr ist allerdings, dass dieser Denkprozess einen Rechtfertigungsdruck auslöst.

Dies vermeidet Barack Obama, indem er die Frage nicht dem Publikum stellt, sondern erzählt, wie ihm die Frage gestellt wurde und was das bei ihm auslöste.

I was talking with a young teacher there, and I asked her what she saw as the biggest challenge facing her students. She gave me an answer that I had never heard before. She spoke about what she called „These Kids Syndrome" - the tendency to explain away the shortcomings and failures of our education system by saying that „these

kids can't learn" or „these kids don't want to learn" or „these kids are just too far behind." And after awhile, „these kids" become somebody else's problem.
[...]
And this teacher looked at me and said, „When I hear that term it drives me nuts. They're not 'these kids.' They're our kids. All of them.
[...]
She's absolutely right. The small child in Manchester or Nashua whose parents can't find or afford a quality pre-school that we know would make him more likely to stay in school, and read better, and succeed later in life - he is our child.
[...]
The little girl in rural South Carolina or the South Side of Chicago whose school is literally falling down around her, and can't afford new textbooks, and can't attract new teachers because it can't afford to pay them a decent salary - she is our child.

---

*- Our Kids, Our Future -*

Generell lässt Barack Obama oft die Botschaft von anderen transportieren. Dieser Umweg über Dritte verstärkt automatisch die Glaubwürdigkeit und erlaubt Barack Obama, viel Kritik zu üben, ohne selbst der Miesepeter zu werden.

---

I've spoken to veterans who talk with pride about what they've accomplished in Afghanistan and Iraq, but who nevertheless think of those they've left behind and question the wisdom of our mission in Iraq; the mothers weeping in my arms over the memories of their sons; the disabled or homeless vets who wonder why their service has been forgotten.
[...]
And I've spoken to Americans in every corner of the state, patriots all, who wonder why we have allowed our standing in the world to decline so badly, so quickly. They know this has not made us safer. They know that we must never negotiate out of fear, but that we must never fear to negotiate with our enemies as well as our friends. They are ashamed of Abu Graib and Guantanamo and warrantless wiretaps and ambiguity on torture. They love their country and want its cherished values and ideals restored.

---

*- Our Moment is Now -*

Für einen Kandidaten ist es hoch gefährlich die brisantesten Themen der Nation anzusprechen: Abu Graib, Guantanamo, Telefonüberwachungen amerikanischer Bürger. Die Emotionen können hier sehr schnell unkontrollierbar hoch gehen. Vorsichtig, aber sehr deutlich lässt Barack Obama seine Botschaften von anderen transportieren.

**Obamas Tipp:**
Lass nie daran zweifeln wo Du stehst.

Seine Sprachrohre sind durch die Erzählung über viele Einwände erhaben: Kriegshelden, die zuerst über die Gefallenen denken und dann erst die Sinnhaftigkeit des Krieges hinterfragen. Ohne der Erwähnung der Gefallenen wären sie von den Medien schnell zu heimkehrenden Kriegsgegnern gemacht worden. Amerikaner aus allen Ecken des Landes - alles Patrioten - die nicht kritisieren, aber sich wundern. Die wissen, aus einer Position der Schwäche wird nicht verhandelt. Patrioten, die dennoch beschämt sind.

Botschaften werden durch Dritte in Geschichten und kurzen Beschreibungen transportiert. Das erlaubt Barack Obama, die Botschaften einfacher, klarer und direkter anzusprechen.

## *Obamas Humor hat nur ein Ziel*

Wann immer Barack Obama sich über eine konkrete Person lustig macht, dann ist es ausschließich eine Person. Diese Person ist nicht John McCain. Sie ist nicht G.W. Bush. Das Ziel Barack Obamas Humor ist er selbst.

Denn nur so wird einer Gefahr ausgewichen, in die sich all jene begeben, die in Vorträgen gerne auf Kosten Dritter gewinnen: die Solidarisierungsfalle. Ganz gleich über wen sich ein Redner lustig macht, es wird im Raum jemanden geben, der dem Opfer entspricht oder der einen Bruder, Cousin, Schwester, etc. kennt, die dem Opfer ähneln.

Menschen neigen dazu, Angegriffenen zu Hilfe zu eilen. Bei großen Vorträgen und Reden geschieht dies meist stillschweigend. In diesen Fällen steigert sich so die Distanz zwischen Publikum und Redner. Bei kleineren Veranstaltungen, z.B. Seminaren, kann der Widerspruch auch laut geäußert werden. Die Gefahr, in diesem Fall weit vom Thema abzukommen, ist groß.

**Obamas Tipp:**
Niemals der Miesepeter sein.

Barack Obama entgeht dieser Gefahr, indem er sich ein eindeutiges Opfer für seinen Humor sucht und er sich über sich selbst lustig macht. An der Story von Edith ist das besonders gut zu sehen. Eine kurze Nacht, ein unerfreulicher Morgen und schlechtes Wetter machen den Präsidentschaftskandidaten zu einem normalen Mann. Zu einem Mann, der einfach einen schlechten Start in den Tag hat.

## *Barack Obamas Körpersprache*

Wie nutzt Barack Obama seine Körpersprache? Ist sie ebenso ein Markenzeichen wie seine Worte?

Dafür müssen wir eine weitere Frage stellen: worum geht es, wer ist das Zielpublikum? Denn kein Politiker hat bisher so wie Barack Obama einen Wahlkampf im Internet betrieben. Über keinen Politiker gibt es gegenwärtig dermaßen viele Videos im Netz wie über Barack Obama.

Zugleich trat Barack Obama vor allem im letzten Drittel des Wahlkampfs selten vor kleinen Gruppen auf. 30.000, 50.000, 75.000 Zuschauer und mehr wurden gezählt. Die sehen ihn nicht mehr direkt, sondern über Leinwände und überdimensionale Bildschirme.

Damit wird klar: seine Methoden, Botschaften zu transportieren müssen diesen Medien gerecht werden. Raumgreifende Körpersprache und große Gesten sind für das Team an Kameraleuten und Regie eine große Herausforderung. Letztlich setzt das den Kandidaten nur schlechter ins Bild.

So werden immer mehr Bewegungen „kameragerecht“: selbst vor großen Mengen wird nur mehr aus den Ellenbogen heraus und selten weit vom Körper weg gestikuliert. Das hat viele überrascht, denn jeder Trainer zeigt vor 10 Personen ein größeres Repertoire als Barack Obama vor 10.000.

Doch wenn Barack Obama beginnt, Geschichten zu erzählen, wird ein Geschichtenerzähler geweckt. Er dreht sich unvermutet von den Kameras weg, gestikuliert weit mehr und die Videos beweisen im Nachhinein: die vorgeschriebene Rede ist plötzlich Altpapier.

Am deutlichsten ist dies bei seiner Erzählung der Greenwood Story / Edith in William County zu erkennen.

### *Barack Obama - der Geschichtenerzähler*

Wenn Barack Obama beginnt, eine Geschichte zu erzählen, dann verändert sich sein Verhalten deutlich. Sein Kopf pendelt normalerweise zwischen den Bildschirmen links und rechts hin und her - auf den Bildschirmen steht der Text seiner oft 60 Minuten langen Reden. Die Bildschirme werden übrigens von den Kameras meist geschickt ausgeblendet.

Beginnt Obama aber mit der Geschichte, dann blickt er das Publikum genauer an. Seine Blicke gehen zum Teil weit in den Raum hinein. Wo er sonst sehr ruhig hinter dem Rednerpult steht, fallen nun kleine Drehungen auf, mit denen er sich auch den Zuhörern hinter ihm zuwendet.

Seine Körpersprache unterstreicht seine Aussagen. Wenn er feststellt „I think, I must have had some sip of wine because I said right away..." dann ist dieser Moment der Selbstreflexion („I think...") durch einen Griff ans Kinn dargestellt. Beim „right away" unterstützt eine rasche Handbewegung, die weit aus dem Kameraausschnitt herausgeht, die Aussage.

*Seine Stimme*

Auch die Stimme begleitet seine Worte. Wenn seine Erzählung andere zu Wort kommen lässt - zum Beispiel wenn ein Mitarbeiter ihn erinnert, dass sie am nächsten Morgen nach Greenwood fahren müssen - dann wechselt Obama leicht Position und Tonlage. Damit stellt er dar: eine andere Person ist am Wort.

Nach zirka zwei Minuten ist Barack Obama voll in der Geschichte angekommen. Die Kamera, die ihn bisher im Halbprofil zeigte, hat mittlerweile aufgegeben und der Ausschnitt wurde gewechselt. Er beginnt mehr und mehr mit Gesten darzustellen: das Öffnen der Vorhänge, das Aufheben der Morgenzeitung, der fallende Regen, sie alle werden mit Handbewegungen gezeigt.

Passende Pausen unterstützen seine Geschichte - und geben dem Publikum Zeit, die Pointen zu verarbeiten. Seine schauspielerische Darbietung wird von einem immer häufiger lachenden Publikum belohnt.

---

We pull up to a small building, a little field house in a park, go inside,
- *Pause* - and
- *Laut, Hand erhoben* - Lo and Behold
- *Pause* - after an hour and a half's drive
- *lange Pause* - turns out
- *Pause, dann laut* - there are 20 people there

---

*Seine Beschreibungen*

Im Laufe seiner Geschichte wird die Körpersprache immer beschreibender: er zeigt die Körpergröße von Edith (sie ist bemerkenswert klein) und seine Reaktion auf ihren Kampfruf „Fired Up".

Mit ausladenden Gesten zeigt er, wo sie stand und wie er sich zu ihr umdreht. Er vermittelt die Geschichte nun nicht mehr bloß durch die Worte, sein ganzer Körper kommt zum Einsatz. Er wurde vom Senator zum Geschichtenerzähler. Vom Harvard-Absolventen zu einem Entertainer.

*Seine Botschaft*

Auch das Ende seiner Geschichte ist ohne Ton zu erkennen. Wo er während der Erzählung voll in ihr aufging, dreht er sich nach ihrem Ende nahezu abrupt zum Rednerpult, umfasst es mit beiden Händen, erhebt seinen Zeigefinger und sagt „here's my point".

---

One voice can change a room. If it can change a room, it can change a city. If it can change a city, it can change a state. And if it can change a state, it can change a nation, and if it can change the nation, it can change the world. So your voice can change the world tomorrow.

---

Die bereits bekannte Gradatio von Seite 89.

## *Kernpunkte*

- Geschichten erwachen durch Details zum Leben.
- Wenn Sie eine längere Geschichte erzählen, erden Sie diese mit einer logischen zeitlichen Abfolge.
- Lebendige Geschichten benötigen einen lebendigen Charakter - aber auch nicht mehr.
- Ein glaubwürdiger Charakter kann Sie mit einfachen Worten unterstützen.
- Pflegen Sie einen gesunden Humor, doch bleiben Sie selbst das Ziel Ihrer humoristischen Attacken.
- Jede Geschichte kann leben - wenn Sie ihr die Energie dazu geben. Das heisst, die Geschichte gehört nicht nur gesagt, sie gehört auch dargestellt.

# Anhang

### Anmerkung zu den Übersetzungen

Es ist immer eine Gratwanderung, Zitate zu übersetzen. Allzu oft geht der Sinn zu einem guten Teil verloren. Vor allem in einem Buch über Rhetorik - über die Muster der Sprache - ist der Sinn zwar nicht irrelevant aber weit unwichtiger als anderenorts.

Um eine Anapher zu erkennen ist es nicht wichtig, ob Barack Obama sagte:

---

That's how won the right to vote.
That's how workers won the right to organize.
That's how...

---

*- The Great Need of the Hour -*

oder ob er mit etwas mehr Inhalt und Sinn formulierte:

---

There is something happening when men and women ...
There is something happening when Americans ...
There is something happening when people ...

---

*- Yes We Can -*

Beides sind Anaphern, beide können wir erkennen, beide für unseren Erfolg nutzen.

Dennoch stellt sich die Frage, ob ein deutschsprachiges Buch nicht auch deutschsprachige Zitate nutzen sollte. Ich habe beschlossen, die Zitate im Text im Original zu lassen und dafür zwei der wichtigsten Reden Barack Obamas übersetzt anzubieten. So haben wir das Beste beider Seiten.

Dieser Text wurde nicht mit dem Ziel der linguistischen oder literarischen Schönheit übersetzt. Sie werden an verschiedenen Stellen entdecken, dass die deutsche Formulierung eine andere wäre. Doch damit wären die Satzstrukturen zu stark verändert worden - und genau um diese Strukturen, um Anapher und Antithese, um Epihper und Brevitas, geht es bei der rhetorischen Betrachtung.

# A more perfect Union

„Wir, das Volk, mit dem Ziel eine vollkommenere Einheit zu bilden."

Vor 221 Jahren versammelte sich eine Gruppe Männer, die mit diesen einfachen Worten Amerikas unwahrscheinliches Experiment der Demokratie begannen. Bauern und Gelehrte, Diplomaten und Patrioten, die einen Ozean überquerten, um der Tyrannei und Verfolgung zu entkommen, haben letztlich die Unabhängigkeitserklärung bei einer Versammlung in Philadelphia, die den ganzen Frühling 1787 andauerte, verwirklicht.

Das entstandene Dokument wurde schließlich unterzeichnet, doch blieb es letztendlich unvollendet. Es war befleckt von der Erbsünde dieser Nation, der Sklaverei. Eine Frage, die die Kolonien spaltete und die Versammlung zum Stillstand brachte, bis die Gründer entschieden, weiterhin den Sklavenhandel für mindestens 20 Jahre zu erlauben und die Lösung den nachfolgenden Generationen zu hinterlassen.

Natürlich war die Sklavenfrage schon in unserer Verfassung eingebettet – einer Verfassung, die ihren wirklichen Kern in der Gleichheit vor dem Gesetz hatte; eine Verfassung, die ihrem Volk Freiheit, und Gerechtigkeit, und eine Einheit, die über die Zeit vollkommener werden sollte, versprach.

Und doch waren Wörter auf Pergament nicht genug, um Sklaven zu befreien oder um Männern und Frauen jeder Hautfarbe und jedes Glaubens ihre vollen Rechte und Pflichten als Bürger der Vereinigten Staaten zu bieten. Was benötigte wurde, waren Amerikaner in nachfolgenden Generationen, die bereit waren, ihren Teil beizutragen – durch Protest und Kampf, auf den Straßen und in den Gerichtsälen, durch einen Bürgerkrieg und zivilen Ungehorsam und immer mit großem Risiko verbunden – um die Lücke zwischen den versprochenen Idealen und der Realität unserer Zeit zu schließen.

Das war eine der Aufgaben, die wir uns zu Beginn dieser Kampagne setzten – den langen Weg von denen vor uns, den Weg zu mehr Gerechtigkeit, mehr Gleichheit, mehr Freiheit, mehr Fürsorge und zu einem [mehr] wohlhabenden Amerika fortzuführen. Ich beschloss für die Präsidentschaft in diesem geschichtsträchtigen Moment zu kandidieren, weil ich fest daran glaube, dass wir die Herausforderungen unserer Zeit nicht lösen können, außer wenn wir sie gemeinsam lösen – nur wenn wir unsere Einheit vervollkommnen, indem wir verstehen, dass wir verschiedene Lebensläufe haben, aber gemeinsame Hoffnungen tragen; dass wir vielleicht verschieden aussehen und nicht von derselben Herkunft sind, aber wir alle wollen in die gleiche Richtung: einer besseren Zukunft entgegen für unsere Kinder und unsere Enkel.

Diese Überzeugung kommt von meinem unbeugsamen Glauben an die Würde und Großzügigkeit des amerikanischen Volkes. Aber sie kommt auch aus meiner eigenen Geschichte.

Ich bin der Sohn eines Schwarzen aus Kenia und einer weißen Frau aus Kansas. Ich wurde aufgezogen mit Hilfe eines weißen Großvaters, der die Wirtschaftskrise überlebte, um dann im Zweiten Weltkrieg in der Armee Pattons zu dienen, und einer weißen Großmutter, die an einem Fließband in Fort Leaven-worth Bomben zusammen baute, während er in Übersee kämpfte. Ich besuchte einige der besten Schulen Amerikas und lebte in einer der ärmsten Nationen der Welt. Ich bin mit einer schwarzen Amerikanerin verheiratet, die in sich das Blut von Sklaven und Sklavenhaltern trägt – eine Erbschaft, die wir unseren beiden heißgeliebten Töchtern mitgeben. Ich habe Brüder, Schwestern, Nichten, Neffen, Onkel, Cousinen aus jedem Volk und jeder Hautfarbe, verteilt über drei Kontinente und so lange ich lebe werde ich niemals vergessen, dass in keinem anderen Land der Erde meine Geschichte überhaupt möglich wäre.

Es ist eine Geschichte, die mich nicht zum konventionellsten aller Kandidaten gemacht hat. Aber es ist eine Geschichte, die die Idee in mir eingebrannt hat, dass diese Nation nicht nur die Summe seiner Teile ist – trotz vieler Teile, sind wir wirklich eins.

Durch das ganze erste Jahr dieser Kampagne, aller entgegengesetzten Prognosen zum Trotz, sahen wir, wie hungrig das amerikanische Volk nach dieser Botschaft der Einigkeit war. Trotz der Verlockung, meine Kandidatur alleine durch eine Brille der Rassenfrage zu betrachten, gewannen wir eindrucksvolle Siege in Staaten mit den größten Anteilen an weißer Bevölkerung im Land. In South Carolina, wo die Flagge der Konföderierten immer noch weht, bildeten wir eine mächtige Koalition zwischen Afroamerikanern und weißen Amerikanern.

Dies bedeutet nicht, dass die Rassenfrage nicht ein Thema der Kampagne war. In manchen Stadien meiner Kampagne haben Kommentatoren mich entweder als ‚zu schwarz', oder als ‚nicht schwarz genug' erachtet. Während der Woche vor der ‚South Carolina primary' sahen wir zum ersten mal, wie Rassenspannungen an die Oberfläche traten. Die Presse durchkämmte jede Wählerbefragung nach neuesten Beweisen rassistischer Polarisierung, nicht nur in den Kategorien weiß und schwarz, sondern auch schwarz und braun.

Und doch waren es die letzten Wochen, in denen die Diskussion der Rassenfrage in diesem Wahlkampf eine besondere Wendung nahm.

Auf der einen Seite des Spektrums haben wir gehört, dass meine Kandidatur irgendwie eine reine Übung der Bürgerrechtsbewegung ist, welche ausschließlich auf den Wunschvorstellungen von naiven Liberalen basiere, die auf diese Art billig zur Rassenversöhnung kommen möchten. Auf der anderen Seite haben wir von meinem früheren Pastor, Reverend Jeremiah Wright, gehört, der Brandreden hielt und Ansichten zum Ausdruck brachte, die nicht nur das Potenzial hatten die Rassentrennung zu vertiefen, sondern auch die Größe und Güte unserer Nation degradierte, somit Schwarze und Weiße gleichermaßen beleidigt.

Ich habe schon unmissverständlich die Aussagen Reverend Wrights, die solche Meinungsstreitigkeiten, in manchen Fällen sogar Schmerz verursachten, verurteilt. Für so manchen bleiben quälende Fragen. Kannte ich ihn als einen zeitweise scharfen Kritiker amerikanischer Innen- und Außenpolitik? Natürlich. Habe ich jemals Aussagen von ihm in der Kirche gehört, die als umstritten erachtet werden könnten? Ja. War ich mit vielen seiner politischen Sichten nicht einverstanden? Absolut. Genau wie ich davon überzeugt bin, dass viele von Ihnen Ausführungen Ihres Pastors, Priesters oder Rabbis gehört haben, mit denen sie überhaupt nicht einverstanden waren.

Aber die Bemerkungen, die diesen Sturm auslösten, waren nicht einfach nur kontrovers. Sie hatten nicht einfach die Aufgabe eines Kirchenmannes, Ungerechtigkeiten auszusprechen, die er wahrgenommen hat. Stattdessen drückten sie eine hochgradig verzerrte Sicht von diesem Land aus – eine Sichtweise, die weißen Rassismus als etwas weit verbreitetes ansieht und die alles Falsche in Amerika hervorhebt und über all das Gute stellt; eine Sichtweise, die Konflikte im Nahen Osten dem treuen Verbündeten Israel zuschreibt, anstelle zu sehen, dass sie aus der pervertierten und hasserfüllten Ideologie eines radikalen Islams rühren.

Dementsprechend waren Reverend Wrights Kommentare nicht nur falsch, sondern entzweiend. Entzweiend in einer Zeit, in der wir Einheit benötigen; rassistisch belastende Kommentare zu einer Zeit, in der wir uns zusammensetzen müssen, um einige gewaltige Probleme zu lösen – zwei Kriege, eine terroristische Bedrohung, eine schwächelnde Wirtschaft, ein chronisch krankes Gesundheitswesen und potentiell verwüstende Klimaänderungen; Probleme, die weder schwarz noch weiß sind, noch latein-amerikanisch oder asiatisch, doch viel eher Probleme, die uns alle betreffen.

In Anbetracht meiner Herkunft, meiner Politik und meiner erklärten Werte und Ideale wird es ohne Zweifel solche geben, denen meine Distanzierungen [zu Wrights Äußerungen] nicht genug sind. Warum hab ich mich überhaupt mit Reverend Wright eingelassen? Wieso nicht einer anderen Kirche beitreten? Und ich bekenne, dass wenn ich Reverend Wright nur über die Fetzen der Predigten gekannt hätte, die endlos im Fernsehen und auf YouTube gezeigt wurden oder wenn die Kirche der Dreifaltigkeit den Karikaturen entspräche, mit denen manche Kommentatoren hausieren gingen, so hätte ich ohne jeglichen Zweifel genau so reagiert.

Aber die Wahrheit ist, dass das nicht alles ist, was ich über diesen Mann weiß. Der Mann, den ich vor mehr als 20 Jahren kennen gelernt habe, ist ein Mann, der mir dabei geholfen hat den christlichen Glauben zu finden. Ein Mann, der mit mir über unsere Pflichten sprach, den Nächsten zu lieben, für die Kranken zu sorgen, und den Armen zu helfen. Er ist ein Mann, der seinem Land als ein U.S. Marine diente, der an den feinsten Universitäten und Priesterseminaren des Landes studiert hat, und der seit über 30 Jahren eine Kirche leitet, die der Gesellschaft dient, indem sie Gottes Werk hier auf Erden verrichtet, indem sie Obdachlosen Unterkünfte anbietet, Bedürftige versorgt, Tagesdienste, Stipendien, Gefängnisseelsorge und HIV/AIDS-Kranken Hilfe anbietet.

In meinem ersten Buch, Träume meines Vaters, beschrieb ich die Erfahrung meines ersten Gottesdienstes in Trinity:

Leute begannen zu schreien, sich von ihren Sitzen zu erheben, laut zu klatschen und zu weinen, ein mächtiger Wind brachte die Stimme des Reverends hoch zu den Dachbalken... Und in dieser einen Note – Hoffnung! – hörte ich etwas Anderes; ich stellte mir vor, wie sich am Fuße dieses Kreuzes, im Inneren tausender solcher Kirchen in der ganzen Stadt einfache schwarze Leute verbinden würden mit der Geschichte von David und Goliath, Moses und dem Pharao, den Christen in der Höhle des Löwen, und Ezekiels Feld der verbleichten Knochen. Diese Geschichten – von Überleben und Freiheit und Hoffnung – wird zu unserer Geschichte, meiner Geschichte; das Blut welches vergossen, wurde ist unser Blut, die Tränen sind unsere Tränen. Bis an diesem hellen Tag diese schwarze Kirche einmal mehr wie jenes Boot erschien, das die Geschichte eines Volkes zu künftigen Generationen und in eine größere Welt trägt. Unsere Prüfungen und Erfolge wurden zugleich einzigartig und universell, schwarz und doch mehr als schwarz. Indem wir unsere Reise aufzeichneten, gaben uns die Geschichten und Lieder die Möglichkeit uns auf Erinnerungen zu besinnen, für die wir uns nicht zu schämen brauchten... Erinnerungen, die alle lernen und schätzen sollten – und mit welchen wir neu anfangen konnten.

Das war meine Erfahrung in Trinity. Wie andere vorwiegend schwarze Kirchen im ganzen Land verkörperte Trinity die schwarze Gesellschaft in ihrer Gesamtheit – den Arzt und die fürsorgliche Mutter, den Vorzeigestudent und das frühere Gangmitglied. Wie andere schwarze Kirchen sind die Gottesdienste in Trinity voll von lautem Lachen und manch obszönem Humor. Sie sind voll mit Tanzen, Klatschen, Schreien, Rufen, die sich wahrscheinlich für das untrainierte Ohr misstönend anhören. Die Kirche enthält eine gesamte Fülle von Güte und Härte, kämpferische Intelligenz und schockierende Ignoranz, Anstrengungen und Erfolg, die Liebe und ja, die Verbitterung und die Vorurteile, die die Erfahrungen der Schwarzen in Amerika ausmacht.

Und dies hilft vielleicht meine Beziehung zu Reverend Wright zu erklären. So unvollkommen wie er sein mag, ist er wie ein Teil meiner Familie. Er stärkte meinen Glauben, nahm meine Trauung vor und taufte meine Kinder. Nicht einmal, in meinen Gesprächen mit ihm, habe ich ihn abfällig über eine ethnische Gruppe sprechen gehört, und nie sah ich ihn Weiße anders behandeln, als mit Höflichkeit und Respekt. Er trägt in sich Gegensätze – das Gute und das Böse – der Gemeinschaft, der er für so viele Jahre unablässig gedient hat.

Ich kann ihn nicht mehr verleugnen, als ich die schwarze Gemeinschaft verleugnen könnte. Ich kann ihn nicht mehr verleugnen, als ich meine weiße Großmutter verleugnen könnte – eine Frau, die mir half groß zu werden, eine Frau, die sich wieder und wieder für mich aufopferte, eine Frau, die mich so liebt, wie sie alles in dieser Welt liebt. Aber eine Frau, die einmal zugab, sich vor schwarzen Männern zu fürchten, an denen sie auf der Straße vorbeikam, und die nicht nur einmal rassistische oder ethnische Stereotypen äußerte, die mich erschauern ließen. Diese Menschen sind ein Teil von mir. Und sie sind ein Teil von Amerika, dem Land das ich liebe.

Manche werden dies als ein Versuch sehen, Bemerkungen zu rechtfertigen oder zu entschuldigen, die einfach unentschuldbar sind. Ich kann Euch versichern, ist es nicht. Ich nehme an, das politisch Sichere wäre nun weiterzumachen und einfach zu hoffen, dass es langsam verblasst. Wir können Reverend Wright als einen Sonderling oder einen Populisten abstempeln, so wie manche Geraldine Ferraro abgetan haben, in Betrachtung ihrer letzten Bemerkungen, als jemand, der fest verankerte rassistische Vorurteile zu hegt.

Aber Rasse ist eine Angelegenheit, die wie ich finde, diese Nation jetzt gerade nicht ignorieren kann. Wir würden den selben Fehler machen, den Reverend Wright in seinen verletzenden Predigten über Amerika machte - nur um das Negative so stark zu trivialisieren, zu stereotypisieren und zu übertreiben, dass es die Realität verzerrt.

Es ist Fakt, dass die Ausführungen, die gemacht wurden, und die Angelegenheiten, die sich über die letzten Wochen hinweg zeigten, die Komplexität der Rassenfrage in dieser Nation wiederspiegeln, die wir noch nie wirklich durchgearbeitet haben – ein Teil unserer Einheit, den wir noch nicht vollendet haben. Und wenn wir jetzt davon gehen, wenn wir uns einfach in unsere jeweiligen Ecken zurückziehen, werden wir niemals dazu in der Lage sein, zusammenzukommen und Herausforderungen zu lösen, wie das Gesundheitswesen oder Bildung oder die Notwendigkeit gute Arbeitsplätze für jeden Amerikaner zu finden.

Um diese Realität zu verstehen müssen wir uns daran erinnern, wie wir zu diesem Punkt gelangt sind. So wie William Faulkner einst schrieb: „Die Vergangenheit ist nicht tot und begraben. Tatsächlich ist sie noch nicht einmal vergangen." [The past isn't dead and buried. In fact, it isn't even past."] Wir müssen an dieser Stelle nicht die Geschichte der rassistischen Ungerechtigkeit in diesem Land wiederholen. Allerdings müssen wir uns daran erinnern, dass so viele Missverhältnisse in der heutigen afroamerikanischen Gesellschaft direkt zu früheren Generationen zurückzuverfolgen sind, die unter dem brutalen Vermächtnis von Sklaverei und Jim Crow gelitten haben.

Getrennte Schulen waren und sind minderwertige Schulen. Wir haben dies nach wie vor nicht behoben, auch 50 Jahre nach ‚Brown v. Board of Education', und die schlechte Bildung, die diese Schulen damals und jetzt vermitteln, hilft die deutlichen Bildungsunterschiede zwischen heutigen schwarzen und weißen Schülern zu erklären.

Legalisierte Diskriminierung – Schwarze wurden davon abgehalten, oft auch mit Gewalt, Eigentum zu besitzen, oder Kredite wurden afroamerikanischen Geschäftseigentümern nicht gewährt, oder schwarze Hausbesitzer konnten nicht auf FHA Hypotheken zugreifen, oder Schwarze wurden von Gewerkschaften ausgeschlossen, oder von der Polizei, oder der Feuerwehr – was bedeutete, dass schwarze Familien kein nennenswertes Vermögen erwirtschaften konnten, um es diesen zukünftigen Generationen zu überlassen. Diese geschichtlichen Tatsachen helfen die Wohlstands- und Einkommenslücke zwischen Schwarzen und Weißen zu erklären, ebenso die Konzentration von Armut, die sich in so vielen heutigen städtischen und ländlichen Gemeinden findet.

Wirtschaftliche Chancenlosigkeit unter schwarzen Männern, die Scham und Frustration nicht für die Familie sorgen zu können, trug zur Zerstörung von schwarzen Familien bei – ein Problem, dass die Sozialpolitik viele Jahre lang verschlechtert hat. Genau wie das Fehlen von Grundleistungen in so vielen städtisch-schwarzen Nachbarschaften, wie z. B. Spielplätze, Polizeistreifen, regelmäßige Müllabfuhr und Durchsetzung von Bauvorschriften – all das steuerte bei zu einer Spirale von Gewalt, Enttäuschung und Verwahrlosung, die uns weiterhin heimsucht.

Dies ist die Realität in der Reverend Wright und andere Afro-amerikaner seiner Generation groß geworden sind. Sie kamen aus einer Zeit der 50er und frühen 60er Jahre, einer Zeit als Rassentrennung noch geltendes Recht war und Chancen systematisch eingeengt wurden. Bemerkenswert ist dabei nicht wie viele angesichts der Diskriminierung versagten, sondern viel eher wie viele Männer und Frauen die Ungleichheiten bewältigten und wie viele einen Weg vorgaben für andere wie mich, die ihnen folgen würden.

Aber für all die, die sich ihren Weg kratzten und bissen, um ein Stück des amerikanischen Traums zu bekommen, waren dort viele, die es nicht geschafft haben – die, die letztendlich auf die eine oder andere Weise von Diskriminierung besiegt wurden. Dieses Erbe der Niederlage wurde an zukünftige Generationen weitergegeben – an diese jungen Männer und die zunehmende Anzahl von Frauen, die wir an den Straßenecken stehen oder in unseren Gefängnissen dahin vegetieren sehen, ohne jegliche Hoffnung oder Perspektive für die Zukunft. Sogar die Weltsicht der Schwarzen, die es geschafft haben, wird weiterhin von der Frage der Rasse und des Rassismus bestimmt. Für die Männer und Frauen von Reverend Wrights Generation bleiben die Erinnerungen an Erniedrigung und Zweifel und Angst, genau wie die Wut und Verbitterung von diesen Jahren. Diese Wut wird vielleicht nicht in der Öffentlichkeit, vor weißen Arbeitskollegen oder weißen Freunden gezeigt. Aber es wird darüber geredet: beim Friseur oder im Schönheitssalon oder am Küchentisch. Zeitweise wird dieser Ärger von Politikern ausgenutzt, um Stimmen zu sammeln, oder um eigene politische Fehler zu übergehen.

Und manchmal wird darüber Sonntags Morgens in der Kirche, in der Kanzel und auf den Bänken gesprochen. Die Tatsache, dass so viele Leute von der Wut in Reverend Wrights Predigten überrascht sind, erinnert uns an die alte Binsenweisheit, dass die größte Rassentrennung im amerikanischen Leben am Sonntag Morgen stattfindet. Die Wut ist nicht immer produktiv, viel eher lenkt sie von wirklichen Problemen ab. Sie hält uns davon ab, dass wir uns unserer eigenen Mitschuld stellen und hält die afroamerikanische Gemeinschaft davon ab, Allianzen zu schmieden, die sie doch braucht, um wirkliche Veränderungen herbei führen zu können. Die Wut aber ist real und sie ist mächtig. Sie einfach nur wegzuwischen, ohne ihre Wurzeln zu erforschen, würde die Kluft des Missverstehens zwischen den Rassen nur ausweiten.

Tatsächlich gibt es eine ähnliche Wut in der weißen Bevölkerung. Viele arbeitenden, mittelständischen, weißen Amerikaner fühlen sich durch ihre Rasse nicht besonders bevorzugt. Ihre Erfahrungen sind die der Immigranten – was sie betrifft hat niemand ihnen je etwas geschenkt, sondern sie haben bei Null angefangen. Sie haben ihr ganzes Leben hart gearbeitet, oft nur um zu sehen, dass deren Arbeitsplätze ins Ausland verlegt und die Rente nach einem vollen Arbeitsleben zunichte gemacht wurde. Sie sind um ihre Zukunft besorgt und spüren ihren Traum entgleiten; in einer Zeit stagnierender Löhne und globaler Konkurrenz, Chancen sehen aus wie ein Nullsummenspiel, in welchen die Träume des einen zu den eigenen Lasten gehen. Wenn sie nun zu hören bekommen, dass sie ihre Kinder zu einer Schule am anderen Ende der Stadt bringen müssen; wenn sie hören, dass ein Afroamerikaner Vorteile zugesprochen bekommt, indem er einen guten Arbeitsplatz oder einen Platz an einer guten Hochschule bekommt, und das alles wegen einer Ungerechtigkeit, die sie sich selbst nie zu Schulden kommen lassen haben; wenn sie dazu noch hören, dass deren Angst über Kriminalität in der Nachbarschaften irgendwelche Vorurteile sind, dann wächst angesichts dieser Umstände die Verärgerung.

So wie die Wut der schwarzen Gemeinschaft werden diese Verärgerungen nicht immer in höflicher Umgebung ausgesprochen. Aber sie haben beigetragen, die politische Landschaft mindestens einer Generation zu verändern. Wut über die Sozial-politik und Minderheitenförderung halfen die Koalition Reagan zu bilden. Politiker haben regelmäßig Ängste vor Kriminalität für ihren eigenen Wahlkampf ausgenutzt. Gastgeber von Talkshows und konservative Kommentatoren haben ganze Karrieren darauf aufgebaut, betrügerische Behauptungen über Rassismus zu entlarven, während sie legitime Debatten über rassistisch begründete Ungerechtigkeiten abtaten als Political Correctness oder umgekehrten Rassismus.

So wie schwarze Wut sich oft als kontraproduktiv erwiesen hat, so hat der weiße Ärger von den wirklichen Schuldigen abgelenkt, die die Mittelklasse ausbluten ließen – eine Firmenkultur mit voller Insider-Geschäfte, fragwürdigen Bilanzierungsmethoden und kurzsichtiger Gier; ein von Lobbyisten und Sonderinteressen dominiertes Washington; wirtschaftliche Reformen, die die Wenigen gegenüber Vielen bevorzugt. Doch die Missgunst der weißen Amerikaner weg zu wünschen, sie als Rassisten oder irregeführt abzustempeln, ohne zu erkennen, dass sie dazu berechtigt sind, würde die Rassentrennung noch mehr vergrößern und den Weg zur Verständigung blockieren.

Hier stehen wir nun. Seid Jahren saßen wir mit der Rassenfrage fest. Im Gegensatz zu manchen meiner Kritiker, ob nun schwarz oder weiß, war ich nie so naiv zu glauben, mit einer einzigen

Wahl, einem einzigen Kandidaten, die Rassentrennung hinter uns lassen zu können, vor allem nicht mit einer Kandidatur, die so unvollkommen ist wie meine eigene.

Aber ich möchte auf meine feste Überzeugung bestehen - eine Überzeugung, die in meinem Glauben an Gott und meinem Glauben an die amerikanische Bevölkerung verwurzelt ist – dass, wenn wir zusammen arbeiten, wir die Wunden rassischer Verschiedenheiten zurücklassen können. Tatsächlich haben wir gar keine andere Wahl. Wir haben keine Wahl, wenn wir den Pfad der mehr und mehr perfekten Einheit weitergehen wollen.

Für die afroamerikanische Gemeinschaft bedeutet dies, die Bürde der Vergangenheit auf sich zu nehmen ohne dabei Opfer der Vergangenheit zu werden. Es bedeutet, weiterhin auf das gesamte Ausmaß von Gerechtigkeit zu bestehen, und das in jedem Aspekt des amerikanischen Lebens. Aber es bedeutet auch, manche Missstände zu verbinden – für ein besseres Gesundheitswesen, bessere Schulen und bessere Arbeitsplätze – mit dem höheren Streben aller Amerikaner -- der weißen Frau, die darum kämpft die unsichtbare Barriere zu zerbrechen, die sie am beruflichen Aufstieg hindert. Der weiße Mann, der entlassen wurde, der Immigrant, der versucht seine Familie zu ernähren. Das bedeutet, dass jeder volle Verantwortung für sein eigenes Leben übernimmt – indem man mehr von unseren Vätern erwartet, und mehr Zeit mit unseren Kindern verbringt. Ihnen vorzulesen und sie zu lehren, dass während sie vor Herausforderungen oder Diskriminierung stehen, sie nicht der Verzweiflung und dem Zynismus erliegen dürfen; sie müssen immer glauben, dass sie ihr eigenes Schicksal schreiben können.

Ironischerweise, findet sich diese amerikanische und – ja, konservative – Haltung der Selbsthilfe häufig in Ausführungen von Reverend Wrights Predigten. Aber was mein früherer Pastor zu oft nicht verstand, war, dass ein Programm der Selbsthilfe den Glauben mit einbezieht, dass sich eine Gesellschaft ändern kann.

Der schwerwiegende Fehler von Reverend Wrights Predigten war nicht, dass er von Rassismus in unserer Gesellschaft gesprochen hat. Sondern dass er von unserer Gesellschaft als etwas statisches gesprochen hat, als ob keine Veränderung stattgefunden hätte, als ob dieses Land – ein Land, dass es einem der ihren möglich gemacht hat, sich für das höchste Amt zu bewerben und eine Koalition zu bilden zwischen Schwarz und Weiß, Latein-amerikanisch und Asiatisch, reich und arm, jung und alt, – immer noch unwiderruflich gefesselt wäre an seine tragische Vergangenheit. Was wir wissen – was wir gesehen haben – ist, dass Amerika sich ändern kann. Das ist die wirkliche Genialität dieser Nation. Was wir schon erreicht haben, gibt uns Hoffnung – den Mut zu hoffen – für etwas, was wir morgen erreichen können und müssen.

Für die weiße Gemeinschaft bedeutet, den Weg zu einer vollkommenen Einheit zu beschreiten, dass anerkannt wird, dass das, was die afroamerikanische Gemeinschaft bedrückt, nicht nur in den Köpfen von Schwarzen existiert; und dass das Erbe von Diskriminierung – und aktueller Geschehnisse von Diskriminierung, auch wenn sie nicht so offen zu Tage treten wie in der Vergangenheit - dass diese Dinge real sind und wir uns ihnen widmen müssen. Nicht nur mit Worten, sondern mit Taten – indem wir in unsere Schulen und in unsere Gemeinden investieren; indem wir unsere Bürgerrechte durchsetzen und auf Fairness in unserem Rechtssystem achten; indem wir dieser Generation Möglichkeiten bereitstellen, die für frühere Generationen nicht verfügbar waren. Es erfordert von jedem Amerikaner zu realisieren, dass die Träume des Einen nicht auf Kosten des Anderen sein müssen; dass die Investitionen in Gesundheit, Sozialhilfe, und Bildung von schwarzen und braunen und weißen Kindern letztendlich allen Amerikanern zu Gute kommen.

Zusammenfassend also ist nicht nach mehr oder weniger gefordert, als die Forderung aller großen Religionen dieser Welt – behandle andere so, wie du dir wünscht behandelt zu werden. Die Bibel lehrt uns, der Hüter unseres Bruders zu sein. Lasst uns der Hüter unserer Schwester sein. Lasst uns unsere gemeinsamen Ziele finden und lasst uns diesen Geist auch in unserer Politik wiederspiegeln.

Denn wir haben die Wahl in diesem Land. Wir können die Politik akzeptieren, die Aufspaltung, Konflikte und Zynismus hervorruft. Wir können die Rassenfrage lediglich als Spektakel auffassen – wie wir es schon im Gerichtsverfahren OJ machten – oder als Tragödie in den Nachwirkungen von Katrina – oder als Futter für die Abendnachrichten. Wir können die Predigten von Reverend Wright jeden Tag, von heute bis zum Tag der Wahl, auf jedem Sender zeigen und über sie sprechen und die einzige Frage dieser Wahl sein lassen, ob das Amerikanische Volk denkt, ich würde seinen größten Beleidigungen glauben oder mit ihnen sympathisieren. Wir können einen Ausrutscher von einem Sympathisanten Hillary Clintons als Beweis nehmen, dass sie die Rassen-karte spielt, oder wie können darauf spekulieren ob alle weißen Männer sich in der Wahl um John McCain scharen, ohne dabei auf seine Reformen zu achten.

Wir können das tun.

Aber wenn wir das tun, kann ich Euch versichern, dass wir in der nächsten Wahl über eine andere Ablenkung debattieren. Und dann von einer anderen. Und dann von noch einer anderen. Und nichts wird sich verändern.

Das ist eine Option. Oder, wir könnten zu dieser Wahl, zu diesem Zeitpunkt, zusammen kommen und sagen: „Nicht dieses Mal." Dieses Mal wollen wir über die zusammenfallenden Schulen reden, die die Zukunft unserer schwarzen und weißen Kinder und asiatischen Kinder und hispanischen Kinder und Kinder amerikanischer Ureinwohner stehlen. Dieses Mal wollen wir uns dem Zynismus verschließen, der behauptet, dass diese Kinder nicht lernen können; dass diese Kinder, die nicht so wie wir aussehen, das Problem von jemand anderem sind. Die Kinder von Amerika sind nicht diese Kinder, sie sind unsere Kinder und wir werden sie nicht zurücklassen in einer Wirtschaft des 21. Jahrhunderts. Nicht dieses Mal.

Dieses Mal wollen wir über die Schlangen in der Notaufnahme reden, die mit jenen Weißen und Schwarzen und Lateinamerikanern überfüllt sind, die keine Krankenversicherung besitzen; über jene, die nicht allein die Energie aufbringen konnten, um die Sonderinteressen in Washington zu besiegen, aber jene, die es mit ihnen aufnehmen können, wenn wir es gemeinsam anpacken.

Dieses Mal wollen wir über die verlassenen Stahlfabriken reden, die einst ein anständiges Leben für Männer und Frauen jeglicher Rasse möglich machten, und über die Häuser, die einst zu Amerikanern jeder Religion, jeder Region und jeder Lebensrichtung gehörten, und nun zum Verkauf stehen. Dieses Mal wollen wir über die Tatsache sprechen, dass das wirkliche Problem nicht derjenige ist, der nicht so aussieht wie du, und möglicherweise deinen Arbeitsplatz bekommt; es ist die Firma für die du arbeitest und die deinen Arbeitsplatz ins Ausland verlegt für nichts weiter als etwas mehr Profit.

Dieses Mal wollen wir über die Männer und Frauen jeglicher Hautfarbe und jeglichen Glaubens sprechen, die unter derselben stolzen Flagge zusammen dienen, zusammen kämpfen und zusammen bluten. Wir wollen darüber reden, wie wir unsere Soldaten aus einem Krieg zurückbringen, der niemals autorisiert und der niemals geführt hätte werden dürfen. Und wir wollen darüber reden, wie wir unseren Patriotismus zum Ausdruck bringen, indem wir für sie sorgen, für ihre Familien, und ihnen die Zuwendung geben, die sie verdient haben.

Ich würde nicht für die Präsidentschaft kandidieren, wäre ich nicht von ganzem Herzen davon überzeugt, dass die große Mehrheit von Amerikanern eben dieses für ihr Land will. Diese Union mag niemals perfekt sein, aber Generation für Generation hat gezeigt, dass sie immer mehr perfektioniert werden kann. Und heute, immer wenn ich selber an dieser Möglichkeit zweifle, das was mir die meiste Hoffnung gibt ist die nächste Generation – die jungen Leute, deren Einstellung und Überzeugung und Offenheit in dieser Wahl schon Geschichte geschrieben hat.

Es gibt da eine besondere Geschichte, die ich noch erzählen möchte – eine Geschichte, die ich erzählte, als ich die große Ehre hatte an Dr. Kings Geburtstag in seiner Heimatkirche, Ebenezer Baptist in Atlanta, zu sprechen.

Die junge weiße 23-jährige Frau mit dem Namen Ashley Baia, wirkte bei der Organisation unserer Kampagne in Florence, South Carolina, mit. Sie hat, seit Beginn dieser Kampagne, daran gearbeitet eine möglichst afroamerikanische Gemeinschaft zu organisieren. Eines Tages war sie bei einer Diskussion dabei, in der jeder erzählte, warum sie dort waren.

Ashley erzählte, dass als sie neun Jahre alt war, ihr Mutter Krebs bekam. Und da sie von der Arbeit fernblieb wurde sie gefeuert und verlor ihre Krankenversicherung. Als sie schließlich Bankrott anmelden mussten, entschloss sich Ashley, ihrer Mutter zu helfen.

Sie wusste, dass Lebensmittel eine der größten Kostenpositionen war und überzeugte ihre Mutter, dass sie am liebsten Senf und Gewürz-Sandwiches essen würde. Denn das war das billigste.

Das die Denkeweise einer neunjährigen.

Sie tat dies für ein Jahr, bis es ihrer Mutter besser ging. Ashley erzählte jedem bei der Diskussion, dass sie der Kampagne beige-treten war, weil sie so Millionen anderen Kindern im Land helfen konnte, die genauso ihren Eltern helfen wollten und mussten.

Ashley hätte vielleicht andere Möglichkeiten gehabt. Vielleicht hätte ihr jemand erzählt, dass der Grund wieso ihre Mutter solche Probleme hatte, Schwarze waren, die öffentliche Unterstützungen erhielten und zu faul zum Arbeiten waren. Oder Lateinamerikaner, die illegal in dieses Land kamen. Doch das tat sie nicht. Sie wählte ihre Verbündeten um gegen Ungerechtigkeit zu kämpfen.

Ashley beendet ihre Geschichte, geht dann im Raum herum und fragt alle anderen wieso sie diese Kampagne unterstützen. Sie haben alle verschiedene Geschichten und Gründe. Viele nennen ein besonderes Ereignis. Schließlich gelangen sie zu einem älteren schwarzen Mann, der die ganze Zeit dort still gesessen hat. Er nannte weder das Gesundheitswesen noch die Wirtschaft. Er nannte weder Bildung noch Krieg. Er sagte nicht, dass er wegen Barack Obama da war. Er sagte einfach nur zu jedem im Raum: „Ich bin wegen Ashley hier."

Ich bin wegen Ashley hier. Alleine betrachtet, ist dieser Moment der Anerkennung zwischen dem weißen Mädchen und dem alten Schwarzen nicht genug. Es ist nicht genug den Kranken ein Gesundheitswesen zu geben, oder den Arbeitern Arbeit, oder unseren Kindern Bildung.

Aber das ist wo wir starten. Hier stärkt sich unsere Einheit. Und wie schon so viele Generationen über den Verlauf von 221 Jahren hinweg erkannt haben - seit der Zeit, als eine Gruppe Patrioten jenes Dokument in Philadelphia unterzeichnete - beginnt genau damit die Vervollkommnung.

## Yes We Can

Zu allererst möchte ich Senatorin Clinton zu ihrem hart erkämpften Sieg hier in New Hampshire gratulieren. Sie hat hervorragende Arbeit geleistet, spenden Sie ihr eine Runde Applaus.

Vor ein paar Wochen konnte sich noch keiner vorstellen, was wir hier heute Abend in New Hampshire erreichen würden. Niemand konnte sich das vorstellen. Die meiste Zeit dieser Wahlkampagne lagen wir weit zurück und wir wussten immer, dass unser Aufstieg schwer sein würde.

Doch in rekordverdächtiger Zahl seid ihr gekommen und habt Euch für Wandel ausgesprochen. Mit diesen Stimmen habt Ihr klar gemacht, dass gerade jetzt, bei dieser Wahl, etwas passiert in Amerika.

Es passiert etwas, wenn Männer und Frauen in Des Moines und Davenport, in Lebanon und Concord herauskommen, in den Jännerschnee, und in Schlangen, die sich Block für Block erstrecken, warten, weil sie daran glauben, was dieses Land sein könnte.

Es passiert etwas, wenn sich herausstellt, dass Amerikaner, die jung oder jungen Geistes sind – die sich noch nie in der Politik engagiert haben – in noch nie gesehenen Zahlen erscheinen, weil sie in ihrem Herzen wissen, dass es dieses Mal anders sein muss.

Es passiert etwas, wenn Leute nicht nur die Partei wählen, der sie angehören, sondern die Hoffnungen, die sie gemein haben, dass egal ob wir reich oder arm sind, schwarz oder weiß; Lateinamerikaner oder Asiaten; ob wir aus Iowa oder New Hampshire, Nevada oder South Carolina kommen; wir sind dazu bereit, dieses Land in eine grundlegend neue Richtung zu tragen. Genau das passiert gerade in Amerika. Der Wandel passiert gerade in Amerika.

Ihr alle, die heute hier seid. Ihr könnt die neue Mehrheit sein, die dieses Land aus der langen politischen Dunkelheit führen kann – Demokraten, Unabhängige und Republikaner, die von der Spaltung und den Ablenkungen in Washington müde sind; die wissen, dass wir widersprechen können ohne unangenehm zu sein, die verstehen, dass wenn wir unsere Stimmen mobilisieren, wir Geld und Macht heraus fordern, die uns bis jetzt aufgehalten haben, etwas Besseres zu erreichen. Es gibt kein Problem, das wir nicht lösen können. Es gibt kein Schicksal, das wir nicht erfüllen können.

Unsere neue amerikanische Mehrheit kann die Schandtat des fehlenden, unbezahlbaren Gesundheitswesens beenden. Wir können Ärzte und Patienten, Arbeiter und Unternehmen, Demokraten und Republikaner zusammen bringen; und wir können der Pharmaindustrie und dem Versicherungsgewerbe sagen, dass sie einen Stuhl am Tisch bekommen, aber sich nicht jeden Stuhl erkaufen können. Nicht dieses Mal. Nicht jetzt.

Unsere neue Mehrheit kann die Steuererleichterungen stoppen für Unternehmen, die unsere Arbeitsplätze ins Ausland verlegen und kann im Mittelstand Steuern senken, die jenen arbeitenden Amerikanern zu gute kommen, die es verdienen.

Wir können aufhören unsere Kinder in Schulen mit Korridoren der Schande zu schicken und anfangen, sie auf eine Bahn des Erfolgs zu heben. Wir können aufhören, darüber zu sprechen wie toll Lehrer sind und anfangen, sie mit mehr Gehalt und Unterstützung für ihre Größe zu belohnen. Wir können dies mit unserer neuen Mehrheit erreichen.

Wir können uns die Genialität von Bauern und Wissenschaftlern, von Bürgern und den Arbeitgebern zunutze machen, diese Nation von der Öltyrannei zu befreien und im Gegenzug unseren Planeten retten.

Und wenn ich Präsident der Vereinigten Staaten bin, werden wir den Krieg im Irak beenden und unsere Truppen Heim bringen; wir werden den Job gegen Al Qaeda in Afghanistan zu Ende bringen; wir werden für unsere Veteranen sorgen; wir werden unsere moralische Position in der Welt erneuern; und wir werden niemals den 11. September nutzen, um Stimmen aufzutreiben, weil es nicht eine Taktik zum Gewinnen einer Wahl ist, es ist eine Herausforderung die Amerika und die Welt gegen gemeinsame Bedrohungen des 21. Jahrhunderts vereinen sollte: Terrorismus und nukleare Waffen; Klimawanden und Armut; Genozid und Krankheiten.

Jeder der Kandidaten in diesem Rennen teilt diese Ziele. Jeder der Kandidaten in diesem Rennen hat gute Ideen. Und alle sind Patrioten, die diesem Land ehrenvoll dienen.

Aber der Grund, warum diese Kampagne immer anders gewesen ist, der Grund ist nicht nur das, was ich als Präsident tun werde, sondern er ist auch, was ihr, die Menschen, die dieses Land lieben, die Bürger der Vereinigten Staaten von Amerika, tun könnt, um es zu verändern.

Deswegen gehört diese Nacht Euch. Sie gehört den Organisatoren, den Freiwilligen und den Mitarbeitern, die an unsere unwahrscheinliche Reise glaubten und so viele andere mitbrachten, die sich uns anschlossen.

Wir wissen, dass der bevorstehende Kampf lang sein wird. Aber erinnert Euch, egal was in Eurem Weg steht, nichts kann der Macht von Millionen Stimmen im Weg stehen, die nach Wechsel rufen.

Uns wurde von einem Chor an Zynikern, die in den kommenden Wochen lauter und dissonanter sein werden, erzählt, dass wir dies nicht tun können. Wir wurden aufgefordert, anzuhalten und die Augen zu öffnen. Wir wurden davor gewarnt, den Menschen dieser Nation falsche Hoffnungen zu machen.

Aber in der unwahrscheinlichen Geschichte Amerikas, war nie etwas falsch an Hoffnung. Als wir scheinbar unmögliche Hürden überwunden haben; als uns erzählt wurde, dass wir nicht bereit sind, oder dass wir es nicht versuchen sollten, oder dass wir es nicht schaffen. Generationen von Amerikanern haben mit einfachem Credo geantwortet, dass den ganzen Geist der Leute zusammenfasst:

Ja, wir schaffen das!

Es war das Credo, das in den gründenden Dokumenten geschrieben steht, welches das Schicksal einer Nation ausrief.

Ja, wir schaffen das!

Es wurde von Sklaven und Abolitionisten (=Gegner der Sklaverei) geflüstert, während sie sich einen Weg durch die dunkelsten Nächte zur Freiheit bahnten.

Ja, wir schaffen das!

Es wurde von Immigranten gesungen, als sie von der Ostküste aus nach Westen in eine unnachgiebige Wildnis zogen.

Ja, wir schaffen das!

Es war der Ruf von Arbeitern, die sich organisierten; Frauen, die nach den Stimmzetteln griffen; ein Präsident, der den Mond als unsere neue Grenze wählte; und ein King (=M. L. King), der uns zum Gipfel brachte und uns den Weg in das gelobte Land zeigte.

[Wir sagen: ] „Ja, wir schaffen das“ zu Gerechtigkeit und Gleichheit. „Ja, wir schaffen das“ zu Möglichkeiten und Wohlstand. „Ja, wir schaffen das“ zur Heilung dieser Nation. „Ja, wir schaffen das“ diese Welt zu reparieren. „Ja, wir schaffen das.“

So auch morgen, wenn wir diese Kampagne nach Süden und Westen bringen; wenn wir lernen, dass die Schwierigkeiten der Textilarbeiter in Spartanburg nicht so verschieden sind, von denen eines Tellerwäschers in Las Vegas; dass die Hoffnungen des kleinen Mädchens, die zu einer bröckelnden Schule in Dillon geht, die gleichen sind, wie die Träume des Jungen, der in den Straßen von LA lernt; wir werden uns erinnern, dass etwas in Amerika passiert; dass wir nicht so gespalten sind, wie unsere Politik andeutet; dass wir ein Volk sind; wir sind eine Nation und zusammen, werden wir mit drei Wörtern, die von Küste zu Küste, von Meer zum strahlenden Meer hallen, das nächste große Kapitel von Amerika aufschlagen – Ja. Wir schaffen das!